"一带一路"故事

人民日报社国际部 编

人民日报出版社

北 京

图书在版编目（CIP）数据

"一带一路"故事 : 学习好书 / 人民日报社国际部
编 . -- 北京 : 人民日报出版社 , 2022.5
ISBN 978-7-5115-7309-4

Ⅰ . ①一… Ⅱ . ①人… Ⅲ . ①"一带一路"—国际合
作—学习参考资料 Ⅳ . ① F125.5

中国版本图书馆 CIP 数据核字 (2022) 第 047296 号

书　　名 : "一带一路" 故事 : 学习好书
　　　　　 "YIDAIYILU"GUSHI : XUEXI HAO SHU
作　　者 : 人民日报社国际部

出 版 人 : 刘华新
策 划 人 : 欧阳辉
责任编辑 : 寇　诏　刘晴晴
装帧设计 : 观止堂 _ 未　泯

出版发行 : 人民日报出版社
社　　址 : 北京金台西路 2 号
邮政编码 : 100733
发行热线 : (010) 65369527　65369846　65369509　65369512
邮购热线 : (010) 65369530　65363527
编辑热线 : (010) 65363105
网　　址 : www.peopledailypress.com
经　　销 : 新华书店
印　　刷 : 大厂回族自治县彩虹印刷有限公司
法律顾问 : 北京科宇律师事务所 010-83632312

开　　本 : 710mm×1000mm　1/16
字　　数 : 245 千字
印　　张 : 15
版次印次 : 2022 年 7 月第 1 版　　2022 年 10 月第 2 次印刷

书　　号 : ISBN 978-7-5115-7309-4
定　　价 : 58.00 元

讲好"一带一路"故事，让合作共赢的力量直抵人心

翻开《"一带一路"故事》书页，如同打开了一扇通往世界的大门。顺着时间卷轴，细细品读回味，共建"一带一路"的精彩故事纷至沓来。满满的正能量，令人振奋感动，不忍释卷。它们既植根于历史，又立足现在、面向未来；既属于中国，更属于世界；既传递了东方古国的智慧，彰显了现代中国的担当，又契合了全球发展的大势。

2013 年秋，习近平总书记访问哈萨克斯坦、印度尼西亚，先后提出建设丝绸之路经济带和 21 世纪海上丝绸之路重大倡议。"我的家乡陕西，就位于古丝绸之路的起点。站在这里，回首历史，我仿佛听到了山间回荡的声声驼铃，看到了大漠飘飞的袅袅孤烟。"习近平总书记的深情话语，为古老的丝绸之路重新注入了生机和活力。驼铃古道丝绸路，胡马犹闻唐汉风。穿越千年、绵延万里的古老丝路，因"一带一路"倡议而重现荣光。

在习近平总书记的亲自谋划、亲自部署、亲自推动下，"一带一路"这个根植于历史厚土、顺应时代大势的重大国际合作倡议，一步步走深走实、行稳致远，在高质量发展的道路上成为推动构建人类命运共同体的重要实践平台，

为各国开拓出一条通向共同繁荣的机遇之路。桃李不言，下自成蹊。截至2022年3月，已有147个国家、32个国际组织与中国签署了200余份共建"一带一路"合作文件。联合国大会、联合国安理会等通过的重要决议也纳入"一带一路"建设内容。从理念转化为行动，从愿景转变为现实，共建"一带一路"成果丰硕。

如何讲好"一带一路"故事，为共建"一带一路"营造良好舆论氛围，让共建"一带一路"更好更多惠及沿线国家民众，是摆在当今中国媒体人面前的重大课题，也是党报记者的职责使命所在。文以载道，诗以言志。眼前的这本书，无疑在这方面做了一次很有意义的尝试。本书从篇目众多的新闻报道中，精选出38个共建"一带一路"故事，都是习近平总书记在重要讲话、会见会谈或署名文章中提到过的项目，不仅涵盖了各个大洲和区域，而且覆盖了政策沟通、设施联通、贸易畅通、资金融通、民心相通五个方面，其代表性不言而喻。

这些精心选取的故事都出自人民日报国际部记者之手。他们长期在国外工作，对于国际时局和驻在国的情况有着深入的观察，他们笔下的"一带一路"故事，清新自然、情真意切，有普通民众的生活改变，有专家学者的真知灼见，有政府官员的决策思考……无一例外，这些故事是"一带一路"造福各方的生动案例，诠释了"一带一路"是和平之路、繁荣之路、开放之路，也是绿色之路、创新之路、文明之路。

从结构上看，本书撷取了习近平总书记有关"一带一路"的"金句"、具体的项目故事和国际人士的回声。精辟的话语和动人的故事相得益彰，令人信服——"一带一路"倡议源于中国，机遇和成果属于世界。

"一带一路"故事，是开放合作的故事。习近平总书记多次说过，"一带一路"建设不是另起炉灶、推倒重来，而是实现战略对接、优势互补。中国同有关国家协调政策，包括俄罗斯的欧亚经济联盟、东盟的互联互通总体规划、哈萨克斯坦的"光明之路"、土耳其的"中间走廊"、蒙古国的"发展之路"、波兰的"琥珀之路"等。8年多来，"六廊六路多国多港"的互联互通架构基本形成，一大批合作项目落地生根，沿线国家和地区人民的生活发生了巨大改变。各方通过政策对接，实现了"一加一大于二"的效果。

　　"一带一路"故事，是互利共赢的故事。"一带一路"倡议，是在世界多极化、经济全球化、社会信息化及文化多样化的发展趋势下应运而生的，旨在做大发展公约数，最终实现互利共赢、共同发展。"一带一路"倡议始终坚持共商、共建、共享的原则，坚持平等协商及充分尊重各国的自主选择，坚持不附加任何政治条件，是所有国家不分大小、贫富、强弱，一律平等相待、共同参与的合作。中国和相关国家一道共同推进雅万高铁、中老铁路、亚吉铁路、匈塞铁路等项目，建设瓜达尔港、比雷埃夫斯港等港口，规划实施一大批项目，让不同国家都从中得到了实实在在的好处。丰硕的成果表明，"一带一路"倡议顺应时代潮流，适应发展规律，符合各国人民利益，具有广阔前景。

　　"一带一路"故事，是民心相通的故事。"国之交在于民相亲，民相亲在于心相通。""一带一路"建设参与国弘扬丝绸之路精神，开展智力丝绸之路、健康丝绸之路等建设，在科学、教育、文化、卫生、民间交往等各领域广泛开展合作，为"一带一路"建设夯实民意基础，筑牢社会根基，讲述一个个"小而美"的故事。各类丝绸之路文化年、旅游年、艺术节、影视桥、研讨会、智库对话等人文合作项目精彩纷呈，人们在交流中拉近了心与心的距离。

　　共建"一带一路"经受住了疫情淬炼。新冠肺炎疫情导致海运受阻、运费高企，中欧班列凭借其稳定高效优势逆势增长，为全球产业链供应链稳定发挥重要作用。中欧班列已实现月行千列、年行万列。截至目前，已铺画78条运行线路，通达欧洲23个国家的180个城市，累计开行超5万列，成为贯穿欧亚大陆的国际贸易"大动脉"。共建"一带一路"国际合作展现出强大韧性和活力。

　　共建"一带一路"内涵不断深化。从"绿色丝绸之路"到"空中丝绸之路"，从"数字丝绸之路"到"冰上丝绸之路""健康丝绸之路"……共建"一带一路"的内涵不断深化，外延更加扩展，不仅为各国抗疫情、稳经济、保民生发挥了重要作用，也为深化抗疫国际合作、推动全球经济复苏和发展作出了重要贡献。以和平合作、开放包容、互学互鉴、互利共赢为核心的丝路精神更显光辉。

　　"致广大而尽精微"。讲好"一带一路"故事，实际上也是讲好中国的故事，讲好中国共产党的故事。共建"一带一路"是实现构建人类命运共同体目标的路线图，是中国在新的历史起点对维护多边主义的承诺，让各国实现有效沟通、开放合作的平台。讲好"一带一路"故事，让合作共赢的力量直抵人心，是塑造可信、可爱、可敬中国形象的有效方式。

今天的新闻，就是明天的历史。相信这本书能让更多人了解，在沿线国家和地区，共建"一带一路"为人们带去怎样的福祉，创造怎样的幸福。衷心希望更多关于"一带一路"的好故事不断涌现！

（人民日报社副总编辑）

目录
CONTENTS

中篇：潮平两岸阔　风正一帆悬

相知无远近
万里尚为邻

中哈能源合作成果走入寻常百姓家

马小宁　周翰博　谢亚宏　刘军国

中哈两国是唇齿相依的友好邻邦。1700多公里的共同边界、两千多年的交往历史、广泛的共同利益，把我们紧密联系在一起，也为发展两国关系开辟了广阔前景。

——2013年9月7日，国家主席习近平在哈萨克斯坦纳扎尔巴耶夫大学发表题为《弘扬人民友谊 共创美好未来》的重要演讲

中哈原油管道累计对华输油1亿吨，中哈天然气管道累计对华输气1830亿立方米，双方正积极探讨核电、风电、光伏等新能源合作。

——2017年6月7日，在对哈萨克斯坦共和国进行国事访问前夕，国家主席习近平在《哈萨克斯坦真理报》发表题为《为中哈关系插上梦想的翅膀》的署名文章

一个坐拥丰富油气资源的国家却要依靠他国供应天然气？乍听有些不可思议，但却是很长一段时间内哈萨克斯坦的现实。

追求石油产品和天然气供应自给自足的哈萨克斯坦总统纳扎尔巴耶夫，把合作的目光投向中国。

2013 年 9 月 7 日，共建丝绸之路经济带倡议提出的当天，习近平主席和纳扎尔巴耶夫总统共同出席中哈天然气管道二期，即哈萨克斯坦南线天然气管道（以下简称哈南线）第一阶段开通仪式。这一由中哈两国合资建设的项目，堪称哈国内最受瞩目的民生工程。在两国元首的关心和推动下，哈南线日前全线完工。它将天然气资源丰富的哈西部与人口众多的南部相连，使南部获得本国天然气供应的充分保障，哈近半数人口将告别无天然气可用、只能烧煤的历史。

纳扎尔巴耶夫总统毫不吝啬地评价这一项目的重大意义：该工程完工后，"我们再也不用求其他人供应天然气了"。

共赢——
在巩固两国能源安全的同时，也为哈发展经济、改善民生提供了强有力的资金支持

广袤的中亚大地上，一条原油管道，四条天然气管道，绵延万里，连接起中国和中亚国家。其中，原油管道和 A、B、C 三条天然气管道都经过哈萨克斯坦。哈南线是中国—中亚天然气管道哈境内段的一部分。

> 中哈天然气管道 A、B 线 6 号压气站工作区场景。刘军国　摄

"2013 年哈南线第一阶段工程建成投产以来，公司已开始利用该线路连接中哈天然气管道 C 线向哈南部输气。截至 2017 年 3 月，共向哈国内市场输气 63.63 亿立方米。"哈南线天然气管道合资公司中方总经理王立军对本报记者表示，未来，这条管道在满足哈南部地区用气需求的同时，可将剩余天然气输往中国，年供气能力 50 亿立方米，真正为两国人民造福，是两国能源领域合作、互利、共赢的又一力作。

1997 年，中石油成功中标阿克纠宾油田开发项目，拉开了中哈油气合作的大幕。2013 年共建丝绸之路经济带倡议提出以来，做长期、稳步、可靠的能源合作伙伴，是两国元首达成的共识。中哈油气管道的建设和运营，迎来了新的历史机遇。中哈天然气管道合资公司（AGP）行政副总经理刘定武向记者介绍，2010 年至 2016 年，中哈原油管道年输油量连续 7 年超过 1000 万吨，2020 年将达到 2000 万吨。如今，这条"丝绸之路第一管道"已累计向中国国内输送原油逾 1 亿吨，进入"亿吨"时代。与此同时，截至今年 3 月底，天然气管道累计向国内供气 1743 亿立方米，惠及中国 25 个省、直辖市、自治区和香港特别行政区 5 亿多人口。

中亚油气管道也为哈社会经济发展注入了活力，让民众分享到了双边能源合作的果实。据统计，中石油在哈参股项目已累计向哈政府纳税数百亿美元。中石油阿克纠宾公司更是成为阿克纠宾州最大纳税单位和当地经济支柱，近年来上缴的税款累计占阿州全部税收的近一半。此外，包括油气资源过境管输费等一笔笔资金，为哈经济发展、民生改善提供了强有力的支持。

纳扎尔巴耶夫总统日前谈及中哈关系，充满感情："哈中关系处于历史最好水平，成为全面战略伙伴关系的典范。哈萨克斯坦近年取得的巨大发展离不开中方的大力支持。"

交融——
"在公司大家从不说哈方员工、中方员工，最习惯的说法是'我们都是 AGP 人'"

从阿拉木图市驱车两个半小时，进入阿拉木图州江布尔区奥塔镇以东约 35

公里处，中哈天然气管道 A、B 线 6 号压气站就坐落于此。在中哈天然气管道合资公司负责运营的中亚天然气管道近 4000 公里管线上，6 号压气站是一个普通的工作站点。

刚进站，年轻、帅气的向志雄站长就让摄像记者给他工装上的公司标识 AGP 一个大大的特写："在公司大家从不说哈方员工、中方员工，最习惯的说法是'我们都是 AGP 人'，大家早已把中哈双方各占 50% 股份的公司当作一个整体了。"

深入厂区，两国员工统一着装，混编办公室，共同参与所有检修作业，团结协作的氛围更加浓厚。向志雄告诉记者，由于企业文化不同，大家一开始还会因加班、休假等问题互不理解，但通过沟通，大家统一了认识，只要保证油气输送的通畅，就符合大家的利益。如今，工作中大家相互平等、相互尊重，节假日还一起组织聚餐、文体活动，相当默契。

不分彼此，相互融合，AGP 这一企业文化已融入员工血液。文控翻译部翻译组长柳德米拉·马卡洛娃创作了一部自传散文集——《我来自 AGP》，记录了她与中方同事建立的深厚友谊。在首篇《我对中国人民的爱——我们的今天与明天》中，她写道："短短几年，中国已成了我的第二故乡。每次来到北京或廊坊，漫步在熟悉的小径，感觉像回到了家，而离开中国时，我总会留下一丝思念和牵挂。"

刘定武说，10 余年来，仅中石油中亚管道公司在哈的 4 个合资油气管道项目公司，在当地的公益投入就达几百万美元。帮扶孤儿院、养老院，为二战老兵捐赠住房，资助贫困家庭，参与修缮驻地基础设施等，善行不胜枚举。企业的付出也得到了回报。"当站内车辆一时调拨不开时，附近村民的车辆随叫随到，而且分文不取。"向志雄谈起与驻地百姓的融洽关系满脸笑容。现在的他已经是附近村民的贵客，遇到节日或者婚礼等喜庆日子，当地人一定会邀请他和中方同事来做客，并常用一整个羊头招待他们，"因为羊头是献给最尊贵的客人的"。

2012 年进入 AGP 的鲁斯兰参与了 6 号压气站的建设工作，现在是调度室操作员。他告诉记者："压气站的核心设备压缩机，绝对是世界顶级水平。为了更好地掌握设备使用方法，公司安排我和一些同事到美国、中国、欧洲参加培训，既学到了本领，又增长了见识。"

像鲁斯兰这样的哈萨克斯坦员工，AGP 有 1000 多人，外围服务人员则更多。"更重要的是，项目将长期稳定运行，这意味着他们的下一代也可以在这里找到工作。"刘定武说。

坚守——
"那两天听听中国话，用汉语和人聊聊天，能有一种回家的感觉"

"进厂后一定要小心'黑寡妇'蜘蛛。"在进入作业区前的例行安全教育课上，向志雄指着墙上的挂图提醒记者，"有一次一只'黑寡妇'掉到我的安全帽上，没站稳，滑到了地上。"向志雄说得云淡风轻，记者却听得背脊发凉，要知道，"黑寡妇"毒性可是比响尾蛇的还强啊！

但在工作人员眼里，恶劣的天气比毒蜘蛛、毒蛇还可怕。6 号压气站所在地夏季最高温可达 45 摄氏度，冬季最低温接近零下 40 摄氏度。"不仅温差大，风也大得吓人。"向志雄风趣地建议，可以在这里建一座风力发电站。

压气站都建在人烟稀少的野外，一望无际的草原，风吹草低见牛羊，很美，但再美的风景看上 8 年、10 年，也难抵相思之苦。当地人员基本半月轮休一次，中方驻外人员，则要面对长期远离亲人的孤寂。刘定武告诉记者，和 6 号压气站相比，位于哈萨克斯坦与乌兹别克斯坦边境的天然气计量站更艰苦，那里长期只有 1 名中国员工。"逢年过节，公司都会派一名汉语翻译到那个站出差，因为那里的员工说，'那两天听听中国话，用汉语和人聊聊天，能有一种回家的感觉'。"文控翻译部经理程博触景生情地告诉记者，自己长时间驻外，孩子基本上是妈妈、爷爷、奶奶照看。一次回国探亲，长时间没见过爸爸的 4 岁女儿竟冲着自己脱口而出叫"爷爷"，"心里真不是滋味"。

独自驻外，最感亏欠的往往是爱人。"我会利用有限的探亲时间最大限度地把老婆哄高兴。"向志雄这位"85 后"站长，已在现场坚守 8 年。他颇为得意地向记者介绍他的独门"秘笈"："探亲期间除了多做家务，多说好话，陪夫人逛街、旅游外，我还有一招——帮妻子化妆。"他一边说一边从手机里调出一系列视频，"这是化妆教程，我天天看。现在我化的妆，爱人特别满意。"向志雄的良苦用心和夫人的善解人意，折射的是中国石油人的乐观和奉献精神，令人油然而生敬意。

"一带一路"是造福沿线国家人民的伟大事业。伟大的事业、辉煌的成就，从来离不开普通人的奉献、坚守甚至牺牲。正是因为有这些执着、热情、乐观的两国油气工作者，中哈能源合作才能在 20 年的时间内结出累累硕果，为中哈持续巩固政治互信、扎实推进务实合作提供了不竭动力。

漫长的油气管线，联通的不只是资源，更是民心。

《 人民日报 》（ 2017 年 05 月 08 日 03 版）

国际回声

中国油气企业在哈萨克斯坦成立的合资公司，逐渐成为哈萨克斯坦石油开采、加工和运输领域的领军者，满足了哈中两国民众对高质量能源产品的需求，这是大家有目共睹的两国经济合作成功典范。

——哈萨克斯坦国际问题专家图列绍夫

学习视频

这一刻将载入两国关系史册

张晓东　殷新宇

中俄互为最主要、最重要的战略协作伙伴，两国关系在各自外交全局和对外政策中都占据优先地位。我就任国家主席后即出访友好邻邦俄罗斯，体现了中方对中俄关系的高度重视，也体现了中俄全面战略协作伙伴关系的高水平和特殊性。

——2013年3月19日，国家主席习近平接受金砖国家媒体联合采访

东线天然气管道是中俄能源合作的标志性项目，也是双方深度融通、合作共赢的典范。2014年，我同普京总统见证了双方签署项目合作文件。5年多来，两国参建单位密切协作，广大工程建设者爬冰卧雪、战天斗地，高水平、高质量完成建设任务，向世界展现了大国工匠的精湛技艺，展示了中俄合作的丰硕成果。投产通气既是重要阶段性成果，更是新的合作起点。双方要打造平安管道、绿色管道、发展管道、友谊管道，全力保证管道建设和投运安全可靠，促进管道沿线地区经济社会可持续发展。

——2019年12月2日，国家主席习近平同俄罗斯总统普京视频连线，共同见证中俄东线天然气管道投产通气仪式

12月2日，中国和俄罗斯两国元首分别在北京和索契下达指令，共同见证中俄东线天然气管道投产通气。

俄罗斯阿穆尔州首府布拉戈维申斯克，天然气管道在俄罗斯境内的最后一站，与中国黑河市隔河相望。当地居民瓦西里耶夫难抑激动之情："几乎所有人都知道了通气的消息，这一天我们期待已久。"

建设者爬冰卧雪，项目在极端天气下顺利完工

气温接近零下20摄氏度。布拉戈维申斯克市外的阿塔曼斯卡亚天然气压气站屹立在白茫茫的原野中。在俄罗斯天然气干线管道运行管理局总工程师克里夫佐夫陪同下，本报记者走进了压气站。

"天然气在这里增加了'动力'，加速'奔向'中国。"克里夫佐夫解释着压气站的作用。

中俄东线天然气管道项目包括俄罗斯境内的"西伯利亚力量"管道，以及

> 2020年12月17日，位于河北省秦皇岛市海港区的国家管网集团北方管道公司秦皇岛分输清管站内，工作人员对中俄东线天然气管道线路进行日常巡检。曹建熊，视觉中国供图

> 2021 年 11 月 3 日，位于河北省秦皇岛市海港区的国家管网北方管道公司秦皇岛分输清管站内，工作人员对中俄东线天然气管道线路正在进行日常巡检。曹建熊，视觉中国供图

中国境内的管道设施。俄罗斯计划修建 8 座现代化的压气站以配套"西伯利亚力量"，阿塔曼斯卡亚压气站就是其中距离中国最近的一座。

在阿塔曼斯卡亚压气站获得"动力"的天然气，接着向南抵达布拉戈维申斯克的计量站，然后输入中国。本次投产通气的北段工程，首期每年将输送天然气 50 亿立方米，待中段、南段全部贯通后，每年将有 380 亿立方米的天然气输往中国，直接惠及东北、环渤海、长三角等地区民众。

这条输气管道总长 8000 多公里，是当今世界最长的天然气输气管道。俄罗斯境内约 3000 公里，中国境内途经 9 个省（区、市），全长 5111 公里，其中需要新建 3371 公里，利用已建管道 1740 公里。

通气成功的背后，是中俄工程建设者在极端天气下爬冰卧雪的辛劳付出。克里夫佐夫告诉记者，为了建设压气站和今后便于就近维护管道设备，他和同事们把家从其他城市搬到了阿塔曼斯卡亚压气站附近。

两国元首战略引领，中俄经贸合作提质升级

"东线天然气管道项目的建成，是两国元首战略引领、直接关心推动的结果。"投产通气仪式举行后，俄罗斯天然气工业公司总裁米勒在接受本报记者采访时说，今天，两国元首又以视频连线的方式，亲自下达送气、接气指令，更显示了这一项目的不同寻常，"这一刻将载入两国关系史册！"

项目总价达4000亿美元，30年内俄方将向中国市场供气超1万亿立方米。中国驻俄罗斯大使张汉晖认为，东线天然气管道投产通气，将有助于落实两国元首达成的在2024年将中俄双边贸易额提升至2000亿美元的目标，有利于中俄两国经贸合作提质升级，有利于两国毗邻地区的发展，更能惠及两国百姓，有利于"一带一路"倡议与欧亚经济联盟的对接。

俄罗斯科学院远东研究所首席研究员彼得罗夫斯基表示，中俄东线天然气管道投产通气，是世界上主要的能源生产国和消费国之间的能源"对话"，是大资源与大市场的"对接"，不仅进一步夯实了俄中关系的坚实基础，也为促进全球能源安全作出了重要贡献。

中国石油管道公司总经理姜昌亮表示，东线天然气管道投产通气后，将首先改变我国东北地区缺少足量气源供应的现状，也可缓解华北地区取暖季用气高峰期的保供压力。

按照俄罗斯总统普京的话说，东线天然气管道投产意味着"俄罗斯东部一个前所未有的高科技项目启动了"，对于管道沿线的俄罗斯远东地区同样意味着巨大机遇。布拉戈维申斯克25岁的当地年轻人科斯佳告诉记者，他去年11月来到天然气计量站工作，因为会讲汉语，主要从事与中方技术人员进行沟通的翻译工作。"在这里工作收入比当地平均收入水平高不少，我的梦想已不遥远。"

互利合作不断深入，为共同发展带来机遇

在阿塔曼斯卡亚压气站工作的康斯坦丁表示，作为俄中两国建设的如此大规模的世纪工程，理所当然要在各方面成为样板。米勒也告诉记者，管道在建设过程中采用了最先进的技术，符合十分严苛的环保标准，"投产通气后，俄方有信心、有能力确保管道投运安全可靠"。

"我们将与俄方合作伙伴密切沟通协调，加强资源与市场对接，确保天然气稳定有序供应。"在中国黑河站启动仪式现场，通过视频连线，中国石油集团董事长王宜林面对两国元首这样表示。

俄罗斯国家能源安全基金会副总裁格里瓦奇认为，东线天然气管道为俄中两国其他合作项目起到了示范作用，"这是互利双赢的合作，相信这一项目的成功将催生出两国更多的合作成果"。

几天前，俄中布拉戈维申斯克—黑河界河公路大桥也传来竣工的消息。米勒认为，即将通车的界河公路大桥、同江铁路大桥，以及此前已经投入运营的中俄东线原油管道，都属于和东线天然气管道一样的俄中合作"拳头项目"，这些项目从蓝图变为现实，将会更好地造福两国和两国民众。

据了解，界河公路大桥预计明年春季开通，阿穆尔州州长奥尔洛夫表示，俄罗斯相关企业将在 3 年时间内投入 85 亿卢布（1 卢布约合 0.11 元人民币），打造连接大桥的物流园区。"界河公路大桥具有重要战略意义，给本地区带来重大机遇。巨大的综合性园区项目涉及从油气供给、汽车维修到农产品加工等多个领域。"

"大项目合作创造了能让经济发展相对落后的俄远东地区搭上中国发展'快车'的机会。"瓦西里耶夫说，明年界河公路大桥投入使用后，将使俄中双方客流、物流更加活跃，"相信俄中两国之间会有越来越多的合作项目落地，给普通民众带来更多实惠。"

《人民日报》（2019 年 12 月 03 日 03 版）

国际回声

在俄中两国隆重庆祝建交 70 周年之际，俄中东线天然气管道投产通气具有重大历史意义，将使两国战略协作达到新的高度。

——俄罗斯总统普京

学习视频

雪中送炭，中国医生义诊收获感动

李志伟

在刚果（布）首都布拉柴维尔郊区的姆菲卢镇，中刚友好医院内人声鼎沸。听到中国医疗队义诊的消息，附近十里八乡的居民都赶了过来。院子内中国和刚果（布）两国国旗迎风飘扬，在医院急诊室门前，患者们坐在椅子上排队，等待看病。10月5日至6日，中秋节刚过，中国第二十四批援刚果（布）医疗队的全体队员便行动起来，举行了为期两天的义诊活动，免费为当地居民送医送药，以实际行动续写中非友谊佳话。

"让我们真正感受到了温暖"

"我在街上看到中国医疗队义诊的消息，便立刻赶了过来。"居住在姆菲卢镇的诺米·瓦姆巴对记者激动地说，"中国医生工作非常辛苦，他们细致认真，发自内心地帮助我们。我们这里的医疗条件很差，所以更要感谢他们让我们真正感受到了温暖。"

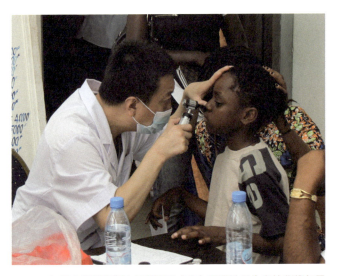

> 2017 年国庆假期间中国援刚果（布）医疗队员为布拉柴维尔居民进行义诊，送医送药。李志伟　摄

医疗队队长王志勇介绍说，队员们利用国庆假期为当地居民义诊，一开始预计每天接待 50 到 70 人次。"没想到，当地居民的热情大大超过预期。早晨 6 点多，为了能早点看病，门前就已经挤满了人。"他说，此次义诊覆盖内科、外科、眼科、耳鼻喉科、口腔科、儿科、妇产科、泌尿科、中医科等，共接诊 730 余人次，工作量很大，但队员们都不辞辛苦。

记者在现场看到，来参加义诊活动的患者中既有白发苍苍的老人，也有襁褓之中的婴儿。中国医疗队员们顾不上拭去额头上的汗珠，忙得喝不上一口水。耳鼻喉科大夫宁学松向记者介绍说，短短一个上午他便接诊了数十名患者，虽然很疲劳，但是看到患者满意的笑容，觉得辛苦是值得的。"在国庆节假期，通过义诊，为当地百姓送医送药，解决他们的实际困难，很有意义。"

"我深深地为中国医生的热忱所感动。"患者乔斯琳向记者动情地说。义诊的第一天，她的父亲就来到这里看病拿药，回家后告诉了家人和朋友，于是大家也都慕名而来。"我非常喜欢中国医疗队的义诊活动，这对我们当地老百姓是件大好事。现在经济形势不好，许多人没有钱看病买药，这次活动真是雪中送炭！"

"义诊活动取得了巨大成功！"中刚友好医院院长贝亚特丽斯·邦吉向记者表示，有不少患者甚至通宵在医院急诊室门前排队。"中国医疗队提出建议，希望给当地老百姓义诊，我们非常感谢，为他们感到骄傲。"邦吉说，中国医生们希望与当地民众拉近距离，服务当地社区，让没钱看病的老百姓也能看上病。"为了此次活动，我们做了很多准备工作。"她说，这样的活动能让更多人了解中国医疗队和他们的工作，"中国对我们的帮助是实实在在的。患者们来到这里，他们能够近距离感受中国医生的高超医术和真挚的友情。特别是在中国国庆节期间举办这一活动，能让当地居民对中国产生更多的好感。"

王志勇说，此次义诊活动不仅提升了中刚友好医院在当地的影响力，这一接地气的活动还进一步加深了两国人民的友谊。"两天的义诊不能满足当地社区所有的医疗需求，今后我们会择期进一步开展义诊，服务更多的当地民众。"

中刚友好医院成为友谊的象征

在此次义诊活动上，活跃着三名刚从中国毕业的刚果（布）医学生的身影。他们充当翻译，与另两名中国翻译一起成为中国医生与当地患者之间的沟通桥梁。"今天的活动太棒了，当地很多医院都没有这样的活动。来的患者非常多，很多人都来自其他地区。平时患者看一次病至少要花 1 万非洲法郎（1 元人民币约合 85 非洲法郎），很多患者现在连这个钱都拿不出来，所以这次活动对他们帮助太大了。"艾瑞克今年刚从中国黑龙江佳木斯大学毕业，他说义诊虽然很累，但很有意义。

2013 年 3 月，习近平主席和萨苏总统为中刚友好医院竣工剪彩。经过 4 年多的发展，中刚友好医院已经成为布拉柴维尔响当当的医院。"中刚友好医院已经成为中刚友谊的象征。医院竣工剪彩活动那天是我们难以忘记的节日，永远深深烙在我们脑海之中。"中刚友好医院办公室主任埃里克·马南加向记者表示，中国医疗队非常具有奉献精神，他们以高超的医术造福当地百姓，用自己的行动让人们记住了中国人的友好。

艾瑞克认为，中刚友好医院给当地带来了巨大变化，姆菲卢镇更加欣欣向荣了，越来越多的人因为这里有好医院而搬到附近。过去这个地区只有一些小诊所，姆菲卢人要到其他地区去看病，特别是晚上更不方便，光打车就要三四千非洲法郎。"老百姓们很重视和信任中国医疗队，许多患者从很远的地方赶来看病。"

"不畏艰苦、甘于奉献、救死扶伤、大爱无疆。"艾瑞克说，通过这次活动，他对这句话有了更深刻的认识。"作为一名医学生，我将牢记这句话，并告诉更多的人。"艾瑞克说，两天的义诊活动让他真切感受到了中国医生"大爱无疆"的精神，这种精神激励着他未来更好地服务当地民众。

"50多年来，中国医疗队的身影活跃在非洲大陆各个国家，他们甘于奉献，热心服务非洲人民，帮助非洲发展医疗卫生事业。"马南加表示，中刚友好医院是中非医疗卫生合作的典范，改变了整个姆菲卢的发展面貌。"不仅在医疗卫生领域，在几乎所有领域中国与非洲都在加强合作，这种合作是全方位的，力度前所未有。中国是我们发展路上强有力的好伙伴。"马南加说。

这个国庆节期间，进行义诊活动的中国援非医疗队不止一支。中国援几内亚第二十六批医疗队在几内亚首都科纳克里的中几友好医院也举行了义诊活动，接诊了许多患者。

《 人民日报 》（ 2017 年 10 月 08 日 03 版）

国际回声

中国医疗队员用奉献精神和高超医术，造福当地人民。刚果人民感谢中国。

——刚果（布）共和国总统萨苏

900天奋战成就900秒奇迹

李 满 周翰博 谢亚宏 王斯雨

中乌传统友谊源远流长。古老的丝绸之路早在两千多年前就将两国人民紧紧联结在一起。建交21年来，中乌关系全面快速发展。事实证明，中乌世代友好、互利合作是完全正确的战略选择。

——2013年9月8日，国家主席习近平抵达塔什干，开始对乌兹别克斯坦进行国事访问

卡姆奇克隧道是乌兹别克斯坦"安格连—帕普"铁路建设的重点和难点工程。3年来，中乌双方团结一心，精诚合作，攻坚克难，顺利建成这条中亚第一铁路隧道。这是中乌共建"一带一路"的重大成果，也是中乌两国人民友谊与合作的新纽带。道路联通是"一带一路"建设重要方面，也是中乌合作的重点。中方愿同乌方加强合作，不断提高地区基础设施互联互通水平，为推动两国发展创造更好的条件，更好造福两国人民。

——2016年6月22日，国家主席习近平同乌兹别克斯坦总统卡里莫夫共同出席"安格连—帕普"铁路隧道通车视频连线活动

4月末的乌兹别克斯坦已经有了夏天的味道,我们顶着骄阳,走访了"安格连—帕普"铁路卡姆奇克隧道。这个由中国建设者承建的"总统一号工程"给当地带来了巨大变迁。

"老百姓再也不用翻山越岭或者绕行他国了"

"2013年9月5日正式开挖,2016年2月25日全隧贯通,用时900天。"中铁隧道局集团卡姆奇克隧道项目出口分部党工委书记王坚告诉记者,乌兹别克斯坦"安格连—帕普"单线电气化铁路全长169千米,其中穿越库拉米山区的卡姆奇克隧道是全线控制性工程,由中铁隧道局集团负责设计、采购、施工。卡姆奇克主隧道长度19.2千米,平行于主隧道设安全隧道,长度19.268千米。

记者一行在火车上偶遇安集延车站站长阿赫曼·萨马多夫。谈起卡姆奇克隧道,这位"老铁路"激动地表示,"这可是乌兹别克斯坦有史以来第一条铁

> 车队首通全隧。中铁隧道集团供图

路隧道!"隧道贯通以前,乌兹别克斯坦只有一条大约 1 千米长的公路隧道。卡姆奇克隧道填补了乌兹别克斯坦铁路隧道的空白。

19.2 千米的长度,在乌兹别克斯坦乃至整个中亚都排名第一。阿赫曼·萨马多夫自豪地对记者说:"我对这条隧道太熟悉了。火车穿行整条隧道需要 15 分钟,整整 900 秒。中国建设者用 900 天成就了今天火车 900 秒穿行大山的奇迹。"

除了填补空白的历史意义外,卡姆奇克隧道首次将乌东部人口密集的费尔干纳州、安集延州、纳曼干州与内地连在一起,具有重要的战略和经济意义。当时担任卡姆奇克隧道出口项目经理的翟飞飞告诉记者,隧道贯通以前,乌东部 3 个州与内地各大城市间的铁路运输需要绕行邻国。现在从首都塔什干乘火车一站即可抵达费尔干纳州的帕普,大大降低了运输成本。

得知与记者同行的王坚就是隧道建设者,阿赫曼·萨马多夫握着他的手一边道谢一边说:"我上个月奉命调任安集延车站当站长,可我全家都在塔什干,如果没有这条隧道,我绝不会去那么远的地方上任。"

"我要代表我的选民向项目建设者致敬!"乌立法院议员阿克玛尔·布尔哈诺夫来自纳曼干州。他在接受记者采访时表示,现在,家乡的老百姓再也不用翻山越岭或者绕行他国了。卡姆奇克隧道有效推动了地区社会经济发展。

"900 天,你们究竟是怎么做到的"

"安格连—帕普"铁路卡姆奇克隧道是"一带一路"倡议框架下,中乌最重要的合作项目之一,受到两国领导人的高度关注。在 900 多天的奋战中,这条承载着重托与希望的隧道,也成为中乌两国建设者智慧、汗水和友谊的象征。

900 天是世界隧道建设史上的一个奇迹。谈到施工速度,阿赫曼·萨马多夫至今感到难以置信。他望着王坚,眼中流露出钦佩之情,说道:"你们可能有所不知,苏联时期就曾经计划修建这条隧道,专家经过勘测,预计施工期为 25 年。项目全球招标时,欧美竞标公司给出的施工期是 5 年,而中国公司仅用了 900 天,你们究竟是怎么做到的?"

> 试行列车驶出"安格连－帕普"铁路隧道。谢亚宏　摄

　　"中国技术"是基础。"其实项目合同工期是 36 个月，我们提前了 100 多天。"王坚向阿赫曼·萨马多夫介绍说，卡姆奇克隧道施工难度非常大，尤其是断层破碎带多、岩爆频发，给施工安全造成极大压力。面对世界性难题，中铁隧道局集团多次召开跨国专家会议，共同会诊、制订方案。其中，独创的"一测二判三防护"措施，有效控制了岩爆危害，"在近 10 千米岩爆区间，没有发生一起安全事故，确保了施工进度"。

　　"中国设备"是关键。为了这个项目，集团一次性新购 5 部凿岩台车、7 辆混凝土湿喷机、51 台大型运输车、24 辆混凝土罐车、22 台装载机、10 台挖掘机、4 个混凝土拌和站等。王坚说："仅机械化配套设备投资就接近 2 亿元人民币。有了强大的设备保障，施工现场打了 3 个斜井，8 个工作面同时掘进，大幅提高了工作效率。"

　　"中铁隧道精神"是根本动力。从 2013 年第一次爆破开始，900 多天里，无论是骄阳似火的盛夏还是滴水成冰的严冬，上千名中国隧道工人始终奋战在

> 仪式现场。中铁隧道集团供图

一线。王坚笑言："集装箱改造的宿舍设在山顶，四下树木葱茏、空气清新、山溪潺潺，这样的生活也很养生嘛。"

中国建设者的智慧、勤劳、乐观深深感染了在场的每一个人，也成为一大批从未到过中国，甚至从未走出过大山的乌兹别克斯坦人对中国人的第一印象。

在隧道帕普一侧出口附近的村子里，我们见到了曾为隧道项目开车的嘉哼。他是毛遂自荐成为工地司机的。施工期间，这个聪明的小伙子整天和中国伙伴泡在一起，两年半时间竟能讲一口流利的中文。听到我们夸他中文说得好，嘉哼像中国人一样谦虚地回应"一般，一般"，逗得大家捧腹大笑。与嘉哼交流得知，他用隧道工作的收入孝敬父母、供弟弟上大学，成了全家的经济支柱。"如果乌中两国还有新的项目需要招人，我一定报名。"

哈伊达尔利耶夫同样也曾是隧道的建设者。项目竣工后他受聘成为隧道安全员，与同事一起负责隧道警戒。他对记者说："隧道是乌中友谊的象征。能够参与项目建设并守护它的安全，是我一生的骄傲。"

> 中铁隧道集团中乌员工欢庆隧道贯通。中铁隧道集团供图

中国建设者将缔造新的精品工程

费尔干纳盆地有 3 个州，将近 1000 万人口。隧道贯通后，该地区及乌兹别克斯坦众多地区居民的生活都发生了深刻变化。

乘火车前往纳曼干市的阿赫马江是塔什干一家网络公司总经理，他告诉记者，由于工作原因他经常到纳曼干出差。以前坐汽车，走山路，既受罪又危险，关键是时间不确定，错过了许多生意。"尤其是赶上下雪，天知道需要多久才能到，一路还提心吊胆。现在好了，4 小时 45 分钟准时抵达，风雨无阻。火车平稳、安全，路上还能睡一觉，下车直接工作，啥也不耽误。"

与记者同一车厢的安娜是费尔干纳市居民，她告诉记者，由于运输更加方便，费尔干纳的物价降低了不少。"原来一瓶 500 毫升的桃汁饮料要卖 2500 苏姆（1 元人民币约合 1200 苏姆），现在差不多 2000 苏姆，便宜了 20%。"

短暂的旅程很快结束了，下车时见到一个抱孩子的乘客，小家伙在妈妈的怀里睡得很甜。小朋友显然是幸运的，他再也不必经历翻山越岭、绕道他国才能抵达内地的历史。相信他的长辈也一定会告诉他，是中国的帮助让那段艰辛永远成为过去。

中方工程人员深得信赖。项目竣工前，乌政府主动以邀标的形式与中铁隧道局集团签署了《沙尔贡煤矿现代化改造项目》合同。中铁隧道局集团驻乌兹别克斯坦代表处负责人张海新告诉记者，这是乌第一座现代化井工煤矿，建成后，将大幅提高乌煤炭自给能力。已转任煤矿项目经理的翟飞飞对记者表示，目前沙尔贡煤矿项目正快速推进，3年内将建成投产。

继续奋战，中国建设者将在乌兹别克斯坦大地上缔造新的精品工程，助推中乌合作不断发展，让"一带一路"建设更多惠及沿线国家和民众。

《人民日报》（2018年05月07日03版）

国际回声

"安格连—帕普"铁路隧道通车是乌兹别克斯坦国民经济社会发展中的一件大事……感谢中国为乌兹别克斯坦人民实现多年夙愿给予的支持和帮助。

——乌兹别克斯坦前总统卡里莫夫

中亚再拓"一带一路"通道

吴 焰 张晓东

学习金句

　　中吉两国山水相连，传统友谊源远流长。建交21年来，中吉睦邻友好不断深化，两国关系具备向更高水平跨越的基础和条件，展现出广阔发展前景。

　　——2013年9月10日，国家主席习近平抵达比什凯克，开始对吉尔吉斯斯坦进行国事访问

　　双方共同实施的达特卡—克明输变电工程结束了吉尔吉斯斯坦电力资源分布不均、输送不畅的历史，奥什市医院为当地民众提供中亚地区最优质的医疗服务，中吉乌（兹别克斯坦）公路成为跨越高山、畅通无阻的国际运输大动脉。

　　——2019年6月11日，在对吉尔吉斯共和国进行国事访问并出席上海合作组织成员国元首理事会第十九次会议前夕，国家主席习近平在吉尔吉斯斯坦《言论报》、"卡巴尔"国家通讯社发表题为《愿中吉友谊之树枝繁叶茂、四季常青》的署名文章

　　乌兹别克斯坦，安集延。这个曾在古丝绸之路上迎来阵阵马帮驼铃的中亚著名商贸集散地，如今正迎来"钢铁车队"。

　　当地时间2月25日下午，来自跨境货运公司"丝绸之路运输公司"的7

辆满载着豆制品的集装箱货车，从安集延多式联运物流中心驶出。山路通信不佳，公司创办人布尔汉·阿克拉莫夫，通过信号时断时续的手机告诉本报记者，他们将沿着中国—吉尔吉斯斯坦—乌兹别克斯坦国际公路（简称中吉乌公路），穿越吉尔吉斯斯坦，经中国西北的伊尔克什坦口岸抵达新疆喀什。3天后，还将有3辆载满棉纱的集装箱卡车发出，驶向中国。

跨境货运车队的这次"静悄悄"的出发，意味着中吉乌公路货运正式运行，三国国际道路运输合作由此掀开新的篇章，更为未来中亚区域经济合作打下了新的基础。

运输时间从 8 天缩短至 2 天——
"新走廊的开通，是'一带一路'倡议落地的缩影"

东起中国新疆喀什，穿越吉尔吉斯斯坦南部城市奥什，西抵乌兹别克斯坦

> 中吉乌公路经过吉尔吉斯斯坦奥什州的一个村庄。中国路桥工程有限责任公司供图

> 中吉乌公路伊尔克什坦——萨勒塔什——奥什段。中国路桥工程有限责任公司供图

首都塔什干——这就是全长 950 公里的中吉乌国际公路。它是新疆塔里木盆地到中亚阿姆河流域一条重要的公路大通道，也是中国—中亚—西亚国际经济走廊的重要组成部分。

公路早已有之，然而，作为非接壤国家，中国和乌兹别克斯坦的货运车辆，长期以来无法驶入对方国家。此前，乌兹别克斯坦和中国之间进出口货物，需要以铁路和汽运方式经由吉尔吉斯斯坦中转，单程 8—10 天。不仅耗时长，且手续烦琐，物流成本较高。

中国交通运输部的相关负责人告诉记者，1998 年 2 月，中吉乌三国签署了《中吉乌政府汽车运输协定》。此后，三国政府和交通运输主管部门在交通运输基础设施建设、口岸通关环境改善、运输领域交流等方面进一步加强合作。习近平主席提出共建"丝绸之路经济带"倡议后，得到了三国热烈响应，三国战略合作伙伴关系不断增强，交通运输领域的合作驶入"快车道"。

对中吉乌这条国际通道走廊，乌兹别克斯坦和吉尔吉斯斯坦可谓期盼已久。

乌兹别克斯坦是目前世界上仅有的两个双重内陆国之一（另一个为列支敦士登），本国不邻海，邻国也不邻海。如此地理位置，造就了乌兹别克斯坦在中亚地区特殊的过境运输地位，也使得这个国家对缩短陆上"出海"距离尤为渴盼。

2017 年 5 月，乌兹别克斯坦总统米尔济约耶夫访华，与中国国家主席习近平共同见证了两国国际公路运输协议的签署。

当年 10 月 30 日，在塔什干，中吉乌三国交通运输部门举行了隆重的货运试运行通车仪式。并于 11 月 1 日在中国喀什举行了接车仪式。当时，来自中吉乌三国各 3 辆卡车，从塔什干出发，以平均 50 ~ 60 公里的时速，走完中吉乌公路全程，共耗时 32 个小时，其中，实际行驶 16 小时，过乌吉边境花去 1.5 小时，过吉中边境花了约 2 个小时。

这是中吉乌三国首次实现国际道路全程运输，也是中国货车首次驶入非接壤国家。

"古丝绸之路曾有效促进了区域贸易发展和沿线各国人民之间的文化交流。中吉乌公路运输新走廊的开通，是'一带一路'倡议落地的一个缩影。"乌兹别克斯坦对外经济投资贸易部部长加尼耶夫曾如是评价。

"新线路的开通，使原来的过境运输周期压缩至 2 天左右。一些对时间有特别要求的货物，甚至可在一昼夜间运达。"乌兹别克斯坦对外经贸部副部长萨希波·萨伊弗纳扎罗夫在接受本报记者采访时表示，"这是新线路最吸引人之处。"

在他看来，中吉乌国际公路的成功运行，不仅是推动三国过境运输合作的一次具体行动，也是三国发展战略在交通运输领域对接的一次有益尝试。

一年可节省 250 万美元运费——
"我们看好这条通道带来的财富与商机"

继 4 个月前的全程货运试运行成功后，三方加快了新通道运行工作的步伐。今年 1 月底，中吉乌三国交通运输部门对沿线跨境运输的相关组织、技术问题达成一致。

根据乌对外经贸部负责人的介绍，截至目前，他们已按照约定，向中国和吉尔吉斯斯坦的相关国际货运企业各发出了 500 张 2018 年中吉乌国际道路货物运输许可证，用于向各自国内的国际道路货运企业发放。而根据计划，2018 年中吉乌三方的运输货物为 10 万吨，最近 3 个月将完成 2.7 万吨的运输量。所运货物包括纺织品、皮革、农产品和电器等。

与此同时，为确保公路更畅通，在中吉乌公路乌兹别克斯坦境内，部分"瓶颈"路段被改建扩建，双向两车道升级为双向四车道；在吉尔吉斯斯坦境内，除了高原山区个别路段外，长达 280 公里的中吉乌公路吉尔吉斯斯坦境内段铺上沥青，实现了全程"黑色化"，令车辆行驶顺畅。

根据乌官方测算，新线路的开通，将使每吨货物运费较此前减少 300 ~ 500 美元，一年运费支出就可节省 250 万美元左右。同时，新线路可给沿线带来 100 多万个就业岗位。

乌兹别克斯坦运输股份公司董事长沙罗波夫表示："我们看好这条通道带来的财富和商机。"沙罗波夫从事水果出口，经常跑俄罗斯，随着这条新线路的开通，他希望考察中国市场，以后能把更多的乌兹别克斯坦水果出口到中国。

中吉乌公路还在延伸中——
为拓宽中国—中亚—西亚运输走廊打下基础

随着中吉乌新国际货运路线的开通，中国—中亚—西亚国际运输走廊的建设也迈出重要一步。

中国由东向西的陆地物流通道出口主要有三个方向，一是通过新疆阿拉山口、霍尔果斯向西；二是通过内蒙古二连浩特，经蒙古国入俄罗斯；三是通过满洲里（包括通过绥芬河走西伯利亚铁路），再往欧洲发货。此次新通道的开辟，使新疆拥有了第二条多边国际通道。中国交通运输部国际合作司相关负责人介绍，利用中亚区域经济合作和上海合作组织等机制和平台，未来几年，中国还将积极推进与中亚国家和俄罗斯的互联互通合作，以充分发挥交通运输在"一带一路"中的先行作用。

> 中吉乌公路伊尔克什坦——萨勒塔什——奥什段。
中国路桥工程有限责任公司供图

事实上，中吉乌公路还在延伸中。中国中铁旗下中铁五局项目负责人向本报记者证实说，他们中标参建的中亚公路改造项目，即中吉乌公路的延伸段，将建至塔吉克斯坦首都杜尚别，计划今年 4 月完工。建成后，将为最终建成东起中国，横贯中亚，西抵高加索、伊朗、阿富汗等地的货运道路打下坚实的基础。

在萨伊弗纳扎罗夫看来，此条通道走廊"意义重大"，不仅是"一带一路"框架下的一条物流大通道，更是一条惠及乌兹别克斯坦、吉尔吉斯斯坦和中国沿线地区人民的富裕之路。

当然，正式通车还只是第一步。在中吉乌国际公路货运试运行接车仪式上，中国交通运输部副部长刘小明建议，希望三国按照所签署的国际道路运输协定，进一步畅通中国—中亚—西亚运输走廊。同时，协调三国法规制度和标准规范，改善通关环境，提高运输便利化水平。

在广袤的中亚地区，当昔日的"马帮驼铃"被越来越多的"钢铁车队"代替，当"一带一路"倡议的一个个项目纷纷落地开花，相信"通"起来的，不仅是道路，更是民心；不仅是货物，更是对美好生活的共同追求。

《人民日报》（2018 年 02 月 27 日 03 版）

国际回声

新开通的乌兹别克斯坦—吉尔吉斯斯坦—中国运输走廊大大促进了三国的交通运输，为中亚与中国区域合作创造了有利条件。

——中乌合资丝绸之路国际运输公司副总经理阿齐姆博耶夫

雅万高铁，树立务实合作新标杆

人民日报社代表团

学習金句

当前，中国人民正致力于实现中华民族伟大复兴的中国梦，印尼人民也在积极推进经济发展总体规划、谋求民族崛起。为实现我们各自的梦想，双方更需要相互理解、相互支持、携手合作，更需要两国有识之士参与其中，脚踏实地去耕耘、去努力。

——2013年10月3日，国家主席习近平在印度尼西亚国会发表题为《携手建设中国—东盟命运共同体》的重要演讲

合作建设雅万高铁是双方达成的重要共识，也是中印尼战略对接的重大早期收获。作为印尼和东南亚第一条高速铁路，雅万高铁将有力带动沿线地区打造"雅万高铁经济带"。

——2016年1月21日，国家主席习近平向印尼总统佐科致贺信，祝贺雅加达至万隆高铁项目动工

在印度尼西亚访问期间，时时可以感受到当地朋友对雅万高铁建设的关注和期盼。这条连接印尼首都雅加达和旅游名城万隆的高速铁路全长142公里，最高设计时速350公里，既是推动印尼经济社会发展的重大建设工程，也是中国和印尼两国共建"一带一路"的重要标志性项目。

> 2021 年 4 月 5 日，来自中国的 50 米钢轨经印尼既有铁路运往雅万高铁建设现场。中国电建雅万高铁项目部铺轨分部供图

中国和印尼发展战略对接的重大早期收获

　　雅万高铁是在中国和印尼两国领导人直接推动下发展战略对接方面取得的重大早期收获。2016 年 1 月雅万高铁项目动工时，中国国家主席习近平向印尼总统佐科致贺信指出，雅万高铁项目的成功实施，创造了中印尼务实合作的新纪录，将为两国各领域合作特别是基础设施和产能领域的合作树立新的标杆。印尼总统佐科认为，雅万高铁是印尼和中国企业之间的务实合作，不仅有利于提高效率，分享制造业领域的先进技术，还有助于两国增强国际竞争力。

　　目前，雅万高铁项目实施的工作机制已基本到位，项目许可、融资、征地拆迁等关键事项扎实推进，22 处控制性工程取得突破，项目建设进入全面实施推进新阶段。

距离雅加达市区最近的 1 号隧道项目是雅万高铁 5 个重点工程之一。记者在现场看到，隧道的始发竖井已经进入主体混凝土结构施工阶段，工人们正紧张施工。1 号隧道全长 1885 米，由中电建水电八局承建。由于靠近城区，隧道不能采用钻爆法施工，难度较大。"自基坑开挖启动以来，在不到一个月的时间内，项目部相继遇到了开挖空间狭窄、钢支撑吊装入井困难等严峻考验，但我们都一一克服，保证了工程进度。"一工区副经理王丹对本报记者说。

在距万隆约 40 分钟车程的瓦利尼隧道项目工地，来自中铁三局的工人正与印尼工人在隧道内一起紧张施工。据中印尼高铁合资公司董事张超介绍，瓦利尼隧道 2017 年动工，长 600 多米，断面面积 100 平方米。目前工地上中国工人有 20 人，印尼工人有 60 多人。

工地上，印尼职工班长恩赛普正和同事们一起忙碌着。恩赛普的家在离工地 4 公里的甘加萨里村，任职工班长的 10 个月中，他每月只回家一两次，平常都忙碌在工地上。"中方项目组的信任给了我极大的自信，我拼尽全力为保证隧道早日贯通多做贡献。"恩赛普说。

专为印尼"量身打造"的旗舰项目

雅万高铁是中国高铁方案走出去的"第一单"。它采用中国铁路技术标准，并按照当地的气候、线路条件、沿线群众文化传统和生活习惯为印尼"量身打造"，建成后将成为印尼乃至东南亚的第一条高速铁路，对当地经济发展和社会进步产生巨大的推动作用。

"中国所具有的世界水平的高速铁路技术体系和标准体系，将广泛应用于雅万高铁，带动印尼铁路技术进步和产业升级。这是中国高铁第一次全系统、全要素、全产业链走出国门，走向世界。"雅万高铁中方联合体管理委员会组长肖颂新对本报记者说。

据介绍，建成后的雅万高速铁路将引入互联网售票、无线网络覆盖车厢、刷脸进站、自助售取检票等世界先进的运输服务技术，为印尼民众提供便捷、舒适的旅行体验。

印尼各界对雅万高铁怀有深切期待。玛丽莎是一名导游，经常带团往返于雅加达与万隆。"两座城市之间现在只有一条高速公路，由于车辆众多，加上施工频繁，140多公里的路程经常要走上四五个小时，有一次我在路上被堵了8个多小时！我们都盼望着雅万高铁早日开通，单程40分钟，那是怎样的一种体验！"

"对那些工作在雅加达的人来说，有了高铁，他们就不需要定居在人口拥挤的首都，而可以在高铁沿线新开发的卫星城居住，然后坐高铁上下班。这不但缓解了交通拥堵，也可以带动沿线商业开发和旅游发展，提升人们的生活品质。"印尼工商会馆中国委员会监护委员洪培才对本报记者表示。

目前，雅万高铁已经被当作带动雅万经济带发展的一把金钥匙。"高铁建成后，将形成一个新的高铁经济走廊。这个涵盖周边、充满活力的双城经济体，将极大地便利这一地区人们的出行，丰富他们的生活。"印尼前驻华大使易慕龙曾对本报记者表示，"从这一角度讲，雅万高铁将成为带动印尼区域经济发展的旗舰项目。"

亚洲国家高铁合作的示范

印尼是中国实施"21世纪海上丝绸之路"倡议的重要合作伙伴。中国和印尼作为亚洲发展中大国，都面临着经济发展、改善民生的繁重任务。中国提出的建设"21世纪海上丝绸之路"倡议同印尼提出的"全球海洋支点"构想高度契合，雅万高铁也因此成为两国实现共同发展繁荣过程中携手推动的建设项目。

雅万高铁建设体现了"一带一路"建设所秉承的共商、共建、共享原则，对于实现我国与"一带一路"沿线国家交通基础设施互联互通具有十分重要的意义。据介绍，雅万高铁建设工程的全面展开，将极大地带动印尼施工装备、建筑材料等产业的发展，增加当地就业机会，目前已有超过2000名当地员工参加工程建设，未来还会进一步增加。同时，中国铁路持续加大对印尼员工的培训，帮助印尼建设一支自己的高铁技术力量和员工队伍。

雅万高铁也成为当地民众接触中国、了解中国的一个窗口。在瓦利尼隧道和1号隧道项目现场都设有高铁展示厅，通过图片、模型、沙盘等介绍建设情况与中国高铁发展现状。据中国中铁股份有限公司印尼雅万高铁项目经理部总

> 2021 年 11 月 25 日，雅万高铁箱梁架设顺利通过全线唯一一处钢桁梁桥。中国中铁印尼雅万高铁项目部供图

经理张伟介绍，到瓦利尼隧道参观的人很多，有当地居民、印尼大中小学的学生。"通过参观，印尼人对中国高铁的建设质量和工人们认真负责的精神产生了由衷的好感。我们还在工地创办中国中铁雅万高铁工地学校，现在已培养了200 人，我们的目标是培养 2000 人。"张伟说。

瓦利尼隧道区段的安全员阿德，就是在了解了瓦利尼隧道的建设情况后，毛遂自荐来到项目工地投身建设。"中国先进的高铁技术正是印尼所急需的，我要为高铁建设尽力。我现在的工作是监管施工安全，我愿意一直工作到项目完成！"阿德对本报记者说。

印尼国有企业部长丽妮·苏马尔诺十分了解雅万高铁项目。"雅万高铁是印尼与中国友谊的标志。印尼与中国在高铁领域的密切合作，必将促进两国友谊更上一层楼，雅万高铁也一定会成为亚洲国家高铁合作的示范。"丽妮对记者说。

万隆市内，1955 年 4 月第一次亚非会议会址已经作为博物馆保留下来。亚非国家在这里提出处理国际关系的十项原则，形成以"团结、友谊、合作"为核心的万隆精神。如今，中国和印尼两国正以雅万高铁等合作项目为契机，践行丝路精神，续写和平合作、开放包容、互学互鉴、互利共赢的友好篇章。

《人民日报》（2019 年 01 月 15 日 17 版）

国际回声

这是印尼的历史性时刻，希望这能给印尼人民尤其是印尼年轻一代以鼓舞。高铁桥梁下部结构由印尼国有建设公司完成，箱梁则由中企生产，这是双方良好合作的范本，这种合作能给我们带来互利共赢。非常感激中方为我们提供的技术支持，让印尼得以加速发展，雅万高铁是我们共同的骄傲。

——印尼前国有企业部长丽妮

"一带一路"倡议强调联通与合作，得到很多国家的响应与参与是必然的。"一带一路"倡议不仅能够促进印尼基础设施建设和印尼与其他东盟国家的联通，还能提升包括改善通关等贸易便利化措施在内的"软件"建设。发展中国家参与"一带一路"建设，能提高经济发展速度和质量，让经济发展更健康、更包容。

——印尼财政部长英卓华

雅万高铁将成为东南亚高铁的示范工程。希望此次印尼与中国的合作能造就"雅万模式"，促使东盟互联互通建设遍地开花，也推动中国——东盟的经济合作再升级。

——印度尼西亚《印华日报》总编辑李卓辉

打造中马合作旗舰项目

管克江　赵益普　林　芮

汽车在崇山峻岭间穿行，突然，一块用中英文刻有"马中关丹产业园区"字样的巨型大理石标志出现在公路边，接着是鳞次栉比的办公楼、宿舍楼、厂房、仓库……走进现场，数千名中马两国的工作人员正在忙碌。这边推土机还在紧张施工，那边钢铁厂的锅炉里已倾倒出通红的铁水。

马来西亚东海岸的马中关丹产业园与中马钦州产业园一起，成为世界上首个互相在对方国家建设产业园区的姊妹区，开创了"两国双园"模式。2014年，国家主席习近平提出要将钦州、关丹产业园区打造成中马合作旗舰项目和中国—东盟合作示范区。如今，关丹产业园建设不断提速，首个入园项目联合钢铁厂即将全面投产，标志着产业园开始进入"产出阶段"。

联合钢铁项目装备技术、节能环保工艺达到世界领先水平

"别看这个地方现在这么热闹，五六年前我第一次来的时候，产业园还没有开始正式平土，到处是沼泽。"北部湾控股（马来西亚）有限公司外联部总经理龚颖见证了产业园从无到有、从构想到现实的过程。站在川流不息的园区大门口，望着不停进出的车辆和人群，龚颖感慨道："这么大的产业园居然也被我们建成了，跟做梦一样。"

联合钢铁（马来西亚）集团公司项目副总指挥胡玖林有同样的感触。"2014年我刚来的时候，我们只有几个人，大家'蜗居'在一个小房间里，屋子里没有网络，办公需要网络时只能去附近的西餐厅上网。"

联合钢铁项目计划年产350万吨，采用的装备技术、节能环保工艺达到世界领先水平，全面投产后将成为马来西亚最大的钢铁厂。

由于马来西亚本地钢铁生产能力不强，当地政府起初担心这个拥有先进技术和产能的中国钢铁企业会"抢走"本地饭碗。联合钢铁用实际行动消解了他们的担忧：本地员工占员工总数的70%、总投资中有超过5亿美元在当地支出、与40多家马来西亚的钢铁贸易商开展合作并带领他们入驻园区、员工薪

> 马来西亚关丹港新港区。北部湾控股（马来西亚）有限公司供图

酬待遇高于当地平均工资水平……

建立起信任之后，联合钢铁项目得到了当地政府的大力支持，各项行政审批手续都以高效率顺畅通过。

四姐妹用心学中文

在马来西亚，许多华人保持着中华传统文化，但能说一口流利中文的马来人不太多，联合钢铁总经理秘书阿蒂拉是其中之一。"我从小就学中文，但因为母语是马来语，我学得十分费劲。13岁那一年，我记得有8门课，压力特别大，一度想放弃中文，但还是咬咬牙挺了过来。"阿蒂拉笑着说。

阿蒂拉的爸爸是玛拉工艺大学的会计学教授，他很早就意识到中国未来发展潜力巨大，认为掌握中文是孩子们的必备技能。"我有一个姐姐、两个妹妹，我们四姐妹都是从小就学习中文。"

2014年，阿蒂拉到北京语言大学就读中文专业。在中国的三年经历，让阿蒂拉真切感受到马中人民的友谊和学习中文的巨大乐趣。"中国的发展速度让我十分震惊，中国代表着世界的希望和未来，学习中文肯定没错。"阿蒂拉说，自己在中文课上学习了解了"一带一路"倡议，"我相信会有越来越多的中国企业来马来西亚，所以从那个时候起就下定决心，要进一家在马来西亚的中国企业工作，我要学习中国人的工作方式和态度。"

阿蒂拉四姐妹学习了中文，对各自的事业发展都有很大的帮助。"当初吃的那点苦，回想起来还是非常值得的。"在关丹产业园工作了一年多，阿蒂拉最大的感触就是"中国和马来西亚更近了"，因为"一带一路"建设让两国人民在心灵上更加贴近。

马方新时期"向东看"愿借鉴中国发展的成功经验

按照规划，马中关丹产业园总面积近12平方公里，由生产加工区、科技研发区、商贸物流区、休闲旅游区和生活服务区组成，分两期进行。一期工程基础设施建设进度过半，二期工程将于今年下半年开工。目前已签约项目共有

> 马来西亚马中关丹产业园鸟瞰图。北部湾控股（马来西亚）有限公司供图

11 个，涵盖汽车轮胎、铝型材加工、石化、热电联产等领域，将为当地直接创造近 2 万个就业机会。

产业园东南方向 10 公里就是面向中国南海的关丹港，从这里出发的船只仅需 3 天便可以到达中国广西钦州港。随着与中国贸易往来的不断深化，2017 年关丹港吞吐量稳中有升，实现吞吐量 1746 万吨。联合钢铁项目全面投产后，预计每年将为关丹港贡献 1230 万吨的吞吐量。港口、产业和园区构成多赢和互动的良性发展格局。

在"两国双园"的另一侧，中马钦州产业园正在从基础设施建设转向产业全面布局。马来西亚企业在中国钦州产业园内投资建设了中马国际科技园、马来西亚创新城、中盟新能源产业园等一系列开发区域。

中国驻马来西亚大使白天在接受本报记者采访时认为，中马产业结构互补性较强，来马投资兴业的中资企业应找准各自在产业链上的定位，开展合作，实现优势互补，并不断提升本地化经营程度，拉动当地就业和促进当地经济发展。

中小企业在双边经贸合作中蕴含着巨大的发展潜力。今年 2 月，中国驻马大使馆举办"2018 中马中小企业合作对接会"，聚焦餐饮、批发物流、现代农业、绿色能源、循环经济等行业，吸引了约 300 家中马企业参加。对接会采取"一对一"洽谈形式，每家中国企业与 2 至 3 家马来西亚企业洽谈，共进行了超过 200 场洽谈。对接会最终达成合作意向 117 个，现场签署合作备忘录 9 项，达成考察意向 78 个。白天表示，通过加强中小企业对接，互补优势，将进一步促进中马经贸往来，扩大两国企业的受益面。

马来西亚总理马哈蒂尔日前访问中国时表示，马来西亚钦佩中国奇迹般的自主发展，赞叹中国产业、商业领域的巨大成就。马方新时期"向东看"愿借鉴中国发展的成功经验，不断创新创造，实现自身更大发展。马方欢迎中国企业赴马来西亚投资，深化双方合作，更好造福两国人民。他强调，习近平主席提出的"一带一路"倡议是为了促进地区的交往合作，将使地区所有国家获益。马来西亚支持并愿积极参与共建"一带一路"，相信这有利于地区发展繁荣。

马中关丹产业园是中国同马来西亚共建"一带一路"的先行示范项目。相信在中马共同努力下，将有更多项目结出硕果，为两国民众带来实实在在的利益。

《人民日报》（2018 年 08 月 25 日 03 版）

国际回声

马中关丹产业园的中国投资项目联合钢铁创造了数千个工作岗位，带动了地方经济。马来西亚工人学会了技能，有了更高的收入，这不仅有利于中国公司和投资者，更有利于马来西亚人民。

——马来西亚前总理纳吉布

马来西亚半岛东部沿海的马中关丹产业园和西部沿海的马六甲临海工业园都是与"一带一路"有关的项目。马中间的合作不仅会增加就业，还将实现专业技能和科学技术的转移，从而将进一步刺激和带动更多的商业活动。

——马来西亚前常驻联合国代表沙鲁尔·伊克拉姆

中法共同利益的蛋糕越做越大

刘仲华　李　琰　李永群　龚　鸣　刘玲玲　葛文博　车　斌

学习金句

　　50 年来，两国开展了多项开拓性合作，不断丰富中法关系战略内涵。法国是第一个同中国开展民用核能合作的西方国家、第一个同中国签订政府间科技合作协定的西方国家、第一个同中国开辟直航航线的西方国家。

　　——2014 年 3 月 25 日，在对法国进行国事访问之际，国家主席习近平在法国《费加罗报》发表题为《特殊的朋友　共赢的伙伴》的署名文章

　　两国共同利益的蛋糕越做越大。在短短 5 年时间里，双边贸易额增长 130 多亿美元，双向投资总额超过 200 亿美元。法国牛肉等优质农产品受到越来越多中国消费者的喜爱。两国合作建设的台山核电站 1 号机组已成为全球首台商业运营的 EPR 机组。中法英三方合作旗舰项目——欣克利角核电站项目顺利起步。中法海洋卫星成功发射。

　　——2019 年 3 月 23 日，在对法兰西共和国进行国事访问前夕，国家主席习近平在法国《费加罗报》发表题为《在共同发展的道路上继续并肩前行》的署名文章

"中法合作互利共赢的属性始终没有改变。"当地时间 3 月 24 日，习近平主席在尼斯会见法国总统马克龙时表示。

中法建交 55 年来，合作共赢始终是两国关系持续发展的强大动力。近年来，在高层交往的引领下，中法各领域合作取得积极成果。台山核电站 1 号机组成为全球首台商业运营的 EPR 机组，中法英三方合作旗舰项目——欣克利角核电站项目顺利起步，中法海洋卫星成功发射，第三方市场合作方兴未艾，共建"一带一路"合作顺利推进……两国共同利益的蛋糕越做越大。

核能合作——
"中国的参与，总是能带来机遇和惊喜"

2018 年 1 月 9 日，习近平主席与来访的法国总统马克龙，在北京人民大会堂共同出席台山核电站欧洲先进压水堆全球首堆工程命名揭牌仪式。同年 12 月 13 日，台山核电站 1 号机组完成 168 小时示范运行，具备商业运行条件。

法国是最早同中国开展民用核能合作的国家。1978 年 12 月，中国决定向法国购买两座核电站设备，拉开了中法核能合作的大幕。如今，双方核能合作已实现共同设计、共同建造。台山核电站采用法国电力集团和法马通共同开发的第三代核电技术，安全性显著提高。

法马通董事会主席兼首席执行官贝尔纳·丰塔纳表示，台山核电站项目堪称双方合作的典范。"我们结合了技术经验、行业经验、供应链经验以及在非常复杂的项目上合作的能力。更重要的是，我们已经有长期合作的历史，这为未来的合作奠定了坚实的基础。"

英国欣克利角核电站项目是中法将核能合作扩展到第三方的典范。2018 年 12 月 11 日，欣克利角 C 项目成功完成核岛第一罐混凝土浇筑，重达 4500 吨的核岛公共筏基开工建设。

"中国的参与，总是能带来机遇和惊喜。"丰塔纳表示，不论是欣克利角核电站项目，还是其他能源开发项目，中国都显得尤为重要。

在核能合作搭建的互利共赢平台上，中法清洁能源合作乘势而上。2014 年 3 月，国家主席习近平首次访问法国时，中广核与法国电力集团签署能源合作

> 台山核电站远景。中广核供图

协议。如今，中广核欧洲能源公司凭借先进技术和高质量产品，已在法国中标多个项目。

"习近平主席的访问给中国企业带来了重大利好。"中广核欧洲能源公司总裁陆玮表示。

航天合作——
"中国是法国在航天领域的重要合作伙伴"

"卫星发射成功时，我就在现场。"回想起中法海洋卫星发射升空的难忘瞬间，法国国家空间研究中心主席让—伊夫·勒加尔激动地说。在勒加尔办公室的茶几上，摆放着中方赠送的中法海洋卫星模型。

去年10月29日，中法海洋卫星在中国酒泉卫星发射中心成功发射，在世界上首次实现了同时对海浪方向谱和海风速度进行测量。国家主席习近平与马克龙总统互致贺电，庆祝卫星发射成功。国家主席习近平称赞这一两国航天合作的最新成果，马克龙总统认为这标志着两国航天合作迈出重要一步。

"中法海洋卫星是两国合作研制的首颗卫星，对于研究和应对气候变化有重要意义。"勒加尔表示，应对气候变化、防止环境污染是法中航天合作的共同目标，双方一直在携手前进。

2016 年 9 月，由法国国家空间研究中心研制的心血管监测设备搭载中国的天宫二号登上太空，用于监测宇航员在太空舱失重状态下的身体状况。两国准备在 2021 年发射监测太空伽马射线暴的天文卫星。

"中国是法国在航天领域的重要合作伙伴，两国航天合作有广阔的发展空间。"勒加尔表示，双方目前正积极推动在月球探索领域的合作。

"今年初，嫦娥四号探月工程的成功举世瞩目。中国相关科学发展之迅猛令人印象深刻。"法国国家太空研究中心太阳系探索项目负责人弗朗西斯·罗卡尔相信，国家主席习近平对法国的访问将进一步提升两国科学家的合作水平。

共建"一带一路"——
"中欧班列是双方合作的强有力象征"

中法在"一带一路"框架内推进合作，这是习近平主席和马克龙总统达成

> 中法两国工程师在台山核电站全范围模拟机安装现场共同工作。中广核供图

> 2019 年 3 月 25 日，法国民众与中国留学生一起在巴黎凯旋门附近欢迎习近平主席。 龚鸣 摄

的重要共识。法国各界对参与"一带一路"建设表现出了极大的热情。

在法国北方物流重镇杜尔日火车站，卸货区堆积着各色集装箱，装卸车辆正在作业，数条铁轨向远方延伸。"中欧班列选择杜尔日是正确的。中国货物运到后，可以迅速装车运往法国和欧洲各国城市，时间不超过一天。"杜尔日火车站业主公司销售经理格扎维埃·佩兰说。

杜尔日距离巴黎不到 200 公里，建于 2001 年的杜尔日火车站集公路、铁路、水路联运于一体。2017 年 10 月，杜尔日与中国武汉之间的中欧班列开通，为这一枢纽站开辟了新商机。中欧班列开通后，车站业主公司增加了 6% ~ 7% 的业务量。杜尔口火车站拥有众多合作伙伴，未来，西班牙、英国等地的产品也可以经法国出口到中国。

佩兰指着中欧班列路线图说，铁路运输节省物流时间和成本。中欧班列已经连接了很多欧洲和中国城市，"法国企业也应该抓住这个机遇。"对于未来，佩兰信心满满，"万事俱备，我们期待并时刻准备着更多的中欧班列到来。"

> 2019年3月25日，巴黎荣军院广场飘扬着中法两国国旗。李志伟 摄

"连接法中两国的中欧班列是双方合作的强有力象征。"法国国际关系与战略研究院院长帕斯卡尔·博尼法斯表示，法国有很多优势，可以更好地融入"一带一路"建设。法国农业部今年初专门成立"一带一路"工作组，对中欧班列开展研究，认为中欧班列有利于把附加值高、保鲜要求高的农产品出口到中国。

法国国际关系与战略研究院副院长西尔维·马特丽表示，"一带一路"建设正在全球推进，法中两国企业有很大的合作空间。习近平主席此访将进一步拉近两国关系，希望双方抓住机遇，增进相互理解，推动共同发展。

《人民日报》（2019年03月26日05版）

国际回声

"一带一路"建设有利于维护多边主义，推动世界秩序朝着更加公正合理的方向发展。随着"一带一路"建设的不断推进，其对法国乃至欧洲的影响力正不断增强，越来越多的民众将从中获益。

——法国前总理拉法兰

法中两国在"一带一路"框架下的务实合作，为两国民众带来了越来越多的获得感。

——法国商务投资署署长克里斯托夫·勒库提耶

吉利—沃尔沃，跨国企业新范式

章念生

学习金句

刚才，我和菲利普国王夫妇一起，参观了位于根特的沃尔沃汽车工厂。这家工厂是比利时最大的汽车生产企业，也是中国、比利时、瑞典三方经济技术合作的典范，在"中国投资"和"欧洲技术"之间架起了一座互利共赢的桥梁。

——2014年4月1日，国家主席习近平在比利时布鲁日欧洲学院发表重要演讲

拥有4500名员工的沃尔沃根特工厂，生产三班倒，平均每分钟一辆汽车下线。

这是记者11月初到访沃尔沃根特工厂时，最先听到的一组数字。

在整车车间，机器人在忙碌地抓取零部件，为数不多的几个工人，操控、安装、监测，手里忙个不停，脸上挂着笑意。

6年前，同样的工厂，却为关张的阴影所笼罩，按计划只有800人可以留任。

国际金融危机愈演愈烈，当时的"东家"美国福特汽车公司决定进行结构调整，推行"一个福特"计划以削减成本，沃尔沃被挂牌出售。

2010年8月，中国民营企业浙江吉利控股集团以18亿美元从福特接手。

2013年，沃尔沃汽车集团赢利19.2亿瑞典克朗（1瑞典克朗约合0.82元人民币）。当年底，沃尔沃全球所有员工都高高兴兴地领到了年终奖——相当

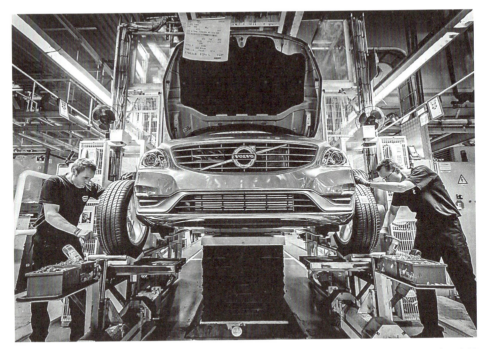

> 沃尔沃根特工厂整车车间里，工人正在进行操控、安装、监测，平均每分钟就有一辆汽车下线。资料图片

于 3 个月的额外工资。

"沃尔沃员工非常荣幸成为中国公司拥有的品牌。"沃尔沃汽车集团副董事长汉斯—沃勒夫·奥尔松对本报记者这样说。

并购——抓住机遇　重视沟通

上海嘉定，沃尔沃中国区总部，记者见到了袁小林。他当年参与吉利并购案，后作为董事长办公室主任，曾在瑞典哥德堡常驻 4 年，现任沃尔沃中国区总裁。

"李书福董事长将吉利成功并购沃尔沃归纳为 6 个字：天时、地利、人和。"袁小林说。

杭州滨江，吉利总部。记者面前的李书福，对"天时"有着比较具体的阐述。

"国际金融危机风起云涌，全球资本市场处于冰冻期，吉利要'破冰'走出去。全球顶尖的法律顾问、财务顾问和咨询公司几乎闲得没事干的时候，吉利以最低廉的价格雇了他们，组成了一流的并购团队。"

18 亿美元，比原先标价整整少了 42 亿美元。吉利接收沃尔沃汽车集团全部资产和知识产权，包括 3 家工厂、1 万多项知识产权，还有弥足珍贵的数据库等。

中国经济实力上升、人均收入增加、市场不断扩大，便是最明显的"地利"。吉利接手沃尔沃之后，定下两大支柱：稳定欧美，开拓发展中国家市场。

强大的中国和中国市场，是沃尔沃的底气所在。沃尔沃高层的普遍共识是："卖给中国人，是沃尔沃最好的归宿。"

更值得一提的是"人和"。

工会，在西方国家是很难打交道的组织。从一开始便与工会建立良好沟通，让李书福运营沃尔沃事半功倍。

回忆起 2009 年发生在根特的那个场景，李书福眼神里充满自信。福特公司宣布吉利为并购沃尔沃首选方后，他与福特公司高管一起到根特会见工会代表。

"请你用 3 个词来说明吉利为何是首选方。"工程师工会代表菲利普·莫蒂埃对李书福开门见山，挑衅之意显而易见。

"我爱你们！"李书福的回答直截了当。

听完介绍，尤其是得知吉利为并购沃尔沃作了 8 年的精心准备，工会代表静静走上前，摘下自己衣领上的沃尔沃徽章，别在李书福身上。

与工会的沟通接触，远不止这些。为了解吉利的实际情况，瑞典工会组织曾 3 次派人来中国考察，与不同层次的代表座谈。

"他们为此花了不少工会会费，但肯定值。"李书福笑着说。

并购交割的时候，袁小林是许多文件的盖章者。"五六十平方米的房间里，长桌摆成一圈，一摞摞文件挨在一起，每摞都有 20 多厘米高。我和另外一位同事，光盖章就盖了整整一下午。"袁小林说。

这些文件的背后，是吉利 200 多人并购团队的艰辛付出。"光是阅读的材料，就可装满整整一卡车"，还不知遭遇了多少次白眼，熬了多少个通宵，飞了多少万里程。

稳定——沃人治沃 要在杭州

"福特束缚了我们的手脚，而吉利给了我们充分自由。"沃尔沃汽车集团媒体关系负责人大卫·易卜生对记者说。

当年福特兼并沃尔沃，将沃尔沃中高管理层全部换掉，完全按福特的思路来治理，"沃尔沃只要听使唤就行"。

正如南橘北枳，水土不服不可避免。

吉利接手后，采取"沃人治沃，放虎归山"方略。

沃人治沃，以有边界的目标管理为导向，给予沃尔沃管理层充分自由，即目标管理＋主观能动。

用李书福的话说："沃尔沃是沃尔沃，吉利是吉利，两者是兄弟关系，而非父子关系。"

但是，"沃人治沃，要在杭州"，这是吉利集团始终坚持的一条原则。最高决策机构在杭州。李书福与哥德堡的董事会充分沟通，制定发展蓝图和战略方向，由沃尔沃管理层在全球实施。

一种东西方智慧的融合。

所谓放虎归山，是让沃尔沃恢复历史辉煌。

在福特旗下那些年，沃尔沃"工人只是上班下班"，缺乏"主人翁精神"，就像一只被关在笼子里的老虎。吉利要让其重回山中，充分释放活力和闯劲。

方略如何施展？

任人唯贤，透明治理，一直贯穿始终。

在李书福那间装有世界地图墙的办公室，听他娓娓道来，其中不乏鲜为人知的情节。

并购后，如何选择首席执行官？按照最初想法，延续福特的"接班计划"。但沃尔沃总部工会组织的人得悉后，立即写信来，表示既定人选不合适。

吸纳工会建议，再经层层选拔，曾在大众汽车公司任职多年的雅各布脱颖而出。

雅各布在国际业界享有崇高知名度，被誉为"汽车狂人"。他上任后大刀阔斧，一年后推出新的商业计划，销量上升，企业赢利，为吉利—沃尔沃的融合奠定坚实基础，但 2012 年因与董事会意见不合而离职。

李书福和董事会又挑中了来自德国曼卡车的汉肯。他在前任基础上继续开拓，尤其是推行"拥抱吉利，协同发展"理念。2013 年 2 月，吉利在瑞典哥德堡设立研发中心，与沃尔沃联合开发紧凑型模块化平台（CMA），研发小型发动机，开展联合采购，在科技创新方面深度合作，实现技术转让。

吉沃融合，走过了"拉郎配"、相亲相爱、结晶生子的历程。这是流行于沃尔沃内部的一个形象比喻。

吉利—沃尔沃的运营模式，直接影响到瑞典政府高层对中国投资的看法。瑞典前财政大臣安德斯·博里曾对李书福说，瑞典政府感谢中国投资。在二十国集团开展的一次民调中，他代表瑞典政府毫不犹豫地给中国打了最高分。

发展——互鉴互学 和而不同

"在国际并购中，存在一种'七七规律'，即 70% 的并购未达到预期商业目的，其中 70% 的原因是文化因素。"负责研发的沃尔沃中国区副总裁沈峰博士这样说。

仅在汽车领域，就有德国戴姆勒—奔驰并购美国克莱斯勒、德国宝马并购英国劳斯莱斯等失败案例。尤其是前者，曾被称"天作之合"，却又成"最失败并购"，文化整合便是主因。有个形象的比喻说："德国围栏圈不住美国野马。"

就文化因素而言，最难逾越的鸿沟，一是与工会组织的关系，二是管理方式的差异。现在看来，这两条鸿沟并未对吉利融合沃尔沃形成障碍。

沈峰 2010 年带队去哥德堡考察，哪怕散步时遇到的工人，目光都是冷冰冰、充满怀疑的。现在再去哥德堡，当地工人充满自信，满脸幸福，主动与中国人打招呼。

这种转变的背后，除沃尔沃本身业绩的根本性改变，还有文化整合因素。

"中国人身上的一些特质，比如包容、强调人文关怀，这些元素很有张力，能充分体现中国优秀的文化传统。"李书福说。

东西方文化理念，并非不可调和，关键在于包容互信、彼此尊重、和而不同。

为节约成本，沃尔沃想关闭哥德堡附近的一家工厂，数百人工作受到影响。因为得到工会代表的充分理解，他们一起出主意、想办法，最后问题得以稳妥解决。

沃尔沃大庆工厂，专门设立酒吧，营建适合瑞典人习俗的氛围，展示对瑞典文化的尊重，让他们找到家的感觉，与大庆人成为兄弟。

在一次董事会上，李书福曾说沃尔沃应该更豪华，让好东西与消费者喜好更好融合，而不是单以排量大、烧油多来满足"豪绅"的消费。结果遭瑞典媒体爆料，被指不懂瑞典的价值观。

此事却直接促成了DRIVE—E动力总成的推出，比如一款SUV车配置的四缸发动机，理论数据达到400马力，每公里排放的二氧化碳不足60克，环保性能大大提升。

东西方理念的碰撞，反而促进了相互融合，催生了更高端、更豪华、更全球化的产品。

李书福说，他对未来有两个目标。第一个目标是培养一流的汽车工程师，这是中国汽车业发展的关键之处。

吉利设在哥德堡的研发中心，雇用的工程师人数已近500人，其中不少是原来瑞典萨博汽车公司的研发人员，中国工程师和他们在一个平台工作，采用沃尔沃轿车的质量标准和技术路线，共同研发紧凑型轿车，实现技术融合。

第二个目标是打造高端零部件体系。无论日本车企还是德国车企，其零部件体系都十分强大。有了真正的中国零部件生产体系，才能与欧美日韩的车企竞争。

记者看到，坐落于宁波杭州湾新区的吉利慈溪生产基地，有整车厂，有发动机厂，还有一墙之隔的众多高端零部件合资企业，让"零部件产品离整车厂的距离不超过1公里"。

一位沃尔沃高管说，沃尔沃从吉利学到了以创业心态面对市场，提升了快速反应能力；吉利从沃尔沃学到了科技创新、阳光治理，在学习西方商业文明中逐渐成长。

美国《华尔街日报》《福布斯》杂志，英国《金融时报》《泰晤士报》等西方媒体，关于吉利的正面报道近期不时见诸报端，认为吉利并购，改变了资源兼并等中企海外并购传统模式，形成了一套治理跨国公司的有效体系。

吉利—沃尔沃，从成功并购，到稳定业绩，再到飞速发展，"中国投资"与"欧洲技术"顺利对接，东方所有权与西方治理架构相互融合。吉利"走出去"，打造了一套全球型跨国公司经营新范式。

不过，对今后国际竞争环境之凶险复杂，李书福心里是明晰的。"西方人总会戴着有色眼镜来看我们。只有付出 200% 的努力，才能得到 100% 的回报。在境外竞争，我们要比西方人做得更好，才能得到西方人同等的尊重。"

《人民日报》（2014 年 12 月 08 日 03 版）

国际回声

近年来，中国企业在比利时参股港口、收购风电场、兴建酒店等成为投资亮点。其中，沃尔沃汽车公司根特工厂被中国吉利集团收购后迅速扭亏为盈，目前工厂平均每分钟就有一辆汽车下线，其中约 40% 进入了中国市场。

——比利时瓦隆区外贸与外国投资总署署长德尔科密特

在大地上铺出一片蓝天

姚明峰

学习金句

当前，国际形势深刻复杂变化，全球经济仍然处于深度调整之中。中阿同为新兴市场国家，均处在重要发展阶段，应该同舟共济、深化合作，携手应对挑战，实现共同发展。

——2014年7月18日，国家主席习近平在布宜诺斯艾利斯同阿根廷总统克里斯蒂娜举行会谈

中阿关系全面快速发展正是中拉关系蓬勃生机的缩影。中拉是发展中国家和新兴市场国家的重要代表，都面临前所未有的机遇和挑战。我们需要深化合作，携手共进。为此，我提出构建中拉命运共同体，倡议中拉描绘共建"一带一路"新蓝图，得到拉美和加勒比朋友们积极响应。我们愿同拉美和加勒比国家一道，秉持共商共建共享原则，以政策沟通、设施联通、贸易畅通、资金融通、民心相通为合作重点，通过共建"一带一路"给中拉人民带来更多实惠，促进中拉合作优化升级、创新发展。

——2018年11月28日，在出席二十国集团领导人布宜诺斯艾利斯峰会并对阿根廷共和国进行国事访问前夕，国家主席习近平在阿根廷《号角报》发表题为《开创中阿关系新时代》的署名文章

在崇山峻岭间顺着蜿蜒崎岖的道路前行，荒芜戈壁上偶见零星的仙人掌，直到高山间出现一片开阔的平地，一排排蓝色的光伏板映入眼帘。这是位于阿根廷西北部胡胡伊省安第斯山区的高查瑞光伏电站项目，从省会城市出发，大约 4 小时车程抵达现场。

高查瑞电站是阿根廷最大的光伏电站项目，也是南美地区装机容量最大、海拔最高的光伏电站项目。2017 年，中国电建集团和上海电力建设有限责任公司联合中标该项目。目前项目进展顺利，计划于 7 月底并网送电，届时年发电量可满足 10 万户阿根廷家庭的用电需求。

"建设电站让阳光变成我们的财富"

高查瑞地处安第斯山区，平均海拔超过 4000 米，当地气候干旱，植被稀少，起风时飞沙走石，自然条件恶劣。落后的基础设施和艰苦的交通条件限制了当地的经济发展。当地村民多以售卖手工艺品和高原草药为生，更多的年轻一辈则选择外出打工。

高查瑞地区日照资源极为丰富，年日照时间超过 2500 小时，是全球日照条件最优越的地区之一，十分适合发展光伏发电。当地政府一直想利用日照资源发展光伏发电，但由于缺乏资金和技术支持，项目迟迟无法落地。首届"一带一路"国际合作高峰论坛期间，在中阿两国元首共同见证下，双方签署高查瑞光伏电站合作文件，困扰当地多年的问题迎来了转机。

项目于 2018 年 4 月正式开工，电站总容量 315 兆瓦，包含一期、二期、三期光伏场区及 345 千伏升压站。历经 17 个月建设，电站于 2019 年 10 月建设完工，目前正在紧张有序地进行发电前的各项调试工作。曾担任项目打桩工的冈萨雷斯很自豪："我和同事们打了 15 万根钢桩，如今支架上的光伏板已经全部铺装完成，看起来就像大地上的一片蓝天。建设电站让阳光变成我们的财富，中企帮我们点亮幸福生活。"

冈萨雷斯介绍，过去当地村民大多没有固定收入来源，一半以上的家庭没有通电。自从项目开工后，许多和他一样的年轻人都前来应聘，每月能有约 700 美元的固定收入，生活有了不小的改观。据了解，整个光伏项目在建设过

> 高查瑞 300 兆瓦光伏发电项目俯瞰图。中国电建集团供图

程中为当地提供近 1500 个工作岗位，相当于为周围十几个村庄解决了就业问题。项目建成后，像冈萨雷斯这样参与过电站建设的工人，还可以继续负责桩基检查和更换等工作。

"阿中在清洁能源领域的一次成功合作"

高查瑞地区地处内陆，人烟稀少，生态环境脆弱。在建设光伏电站时，项目组在环境保护方面下足了功夫。

中国电建驻阿根廷代表涂水平介绍，项目建设本着"节约占地、节约投资、提高效益、降低运行成本"的设计原则，从当地实际出发，实现了设备的紧凑化布局。目前整个园区占地约 700 公顷，施工期间项目配电部分选用全封闭环境的预制舱，舱内设备实行模块化设计、工厂化定制和现场组合化拼装，实现"即装即用"，大幅减少了现场施工、调试的工作量，最大程度地保护了当地原有生态和自然植被，为羊驼等动物自由活动提供了更大空间。

在施工过程中，业主、监理、设计单位和技术顾问反复沟通，确保各个技术环节在环保基础上实现有序衔接。项目采用了包括跟踪支架等在内的多项新技术，通过电机不断调整光伏板与光线的最佳角度，最大限度地利用光照，提高光电生产效率。为了不改变地表水原有的流动路径，园区内的排水管道按照原有地势而建，雨季时水能依着山势向下流淌。

"高查瑞光伏电站项目是阿中在清洁能源领域的一次成功合作，为阿根廷在高原地区建设类似电站提供了样本。"胡胡伊省能源部长皮萨罗表示，电站投入使用后，将有效减少化石燃料消耗，一年可以减少数十万吨的碳排放，有助于调整当地能源产业结构，实现生态环境保护的目标。

"不少原本外出打工的年轻人又回来了"

随着电站的建成，附近的村庄也变得热闹起来。奥拉比冈多村村民戈麦斯欣喜地发现，原本村里没有电，交通也不便，中国企业不仅建成了电站，还修建了道路，带来了银行网点。"不少原本外出打工的年轻人又回来了。有的在工程项目上当司机、保洁员，有的自己开起餐馆。甚至还有秘鲁、智利的居民前来参与电站建设。"

光伏电站正式并网送电后，极大缓解了当地用电紧张状况，胡胡伊省长期从外省购电的历史也将结束。不少村民都表示："我们的电站，可以为整个胡胡伊省供电。电价低了，未来就有更多村庄能用上清洁能源。"

"电力保障和基础设施提升使当地经济产业更加多元，为当地做大经济蛋糕提供了更多可能。"奥拉比冈多村负责人加西亚开始筹划，让村民摆脱家庭作坊的加工模式，进一步促进当地特色的纺织品和药材加工。同时，随着基础设施的完善，游客体验逐步提升，更多人愿意来感受高原上的印加文化，当地旅游业将得到更大发展。

胡胡伊省省长莫拉莱斯说，光伏电站的建设为当地经济社会发展提供了有力支持，为附近居民创造更多稳定的工作岗位，也为阿根廷能源开发战略提供了宝贵经验。"我们希望继续加强与中国的合作。"莫拉莱斯满是期待。

随着高查瑞的万家灯火——点亮，阿中合作的温暖将留在人们心间。

《人民日报》（2020 年 07 月 16 日 03 版）

国际回声

在如此艰苦的地区，阿中建设者合作愉快。高查瑞光伏电站项目的实施将为阿根廷在高原地区建设类似电站积累宝贵经验。

——高查瑞光伏电站项目阿方场地总工程师米切拉

中方提供的发电设备、专业技术和服务，以及电站的基础设施建设都很好。电站取得了很好的运营成果，让更多人用上了清洁电。

——高查瑞光伏电站项目现场经理罗兰德·哈维尔

比雷埃夫斯港，明天会更好

王新萍　叶　琦　张朋辉　任　彦　张志文　韩秉宸　花　放

中国和希腊是两大文明古国，都创造了对人类文明影响深远的独特文明，两国人民相互欣赏、相互尊重，中希关系基础坚实、发展很好。中国政府鼓励更多有实力的中国企业到希腊投资兴业，经营好希腊比雷埃夫斯港口等项目，打造互利合作的样板。

——2014年7月13日，国家主席习近平在希腊罗德岛会见希腊总统帕普利亚斯

比雷埃夫斯港项目是中希双方优势互补、强强联合、互利共赢的成功范例。我相信比雷埃夫斯港的前景不可限量，合作成果一定会不断惠及两国及地区人民。

——2019年11月11日，国家主席习近平和希腊总理米佐塔基斯共同参观中远海运比雷埃夫斯港项目

"我们要扎实提升各领域务实合作水平，以比雷埃夫斯港口项目为龙头，不断拓宽合作领域、扩大投资规模。"11月10日，在对希腊进行国事访问之际，习近平主席在当地媒体发表的署名文章中表示。

比雷埃夫斯港项目是中希共建"一带一路"的旗舰项目，习近平主席一直关心该项目进展。近年来每次与希腊领导人会谈会见，习主席总会提到该项

> 中欧陆海快线起点，列车正在装载集装箱。韩秉宸　摄

目。近日在上海会见希腊总理米佐塔基斯时，习近平主席特意强调要"发挥好比雷埃夫斯港项目的引领和示范作用"。

自 2008 年中企获得比雷埃夫斯港两个码头的特许经营权至今，比港逐步走出了风雨飘摇的状态。2010 年至 2018 年，比港集装箱吞吐量世界排名大幅提升 61 位，成为全球发展最快的集装箱港口之一。繁忙的比港，给当地人带来满满的幸福感和获得感，也让当地人对中国充满感激。

"中国企业的到来意味着比港更快、更好的发展"

塔索斯·瓦姆瓦吉迪斯是中远海运集团比雷埃夫斯集装箱码头有限公司商务经理，到公司工作已有 11 年，是公司最早的当地雇员之一。2017 年 5 月，他曾应邀到北京参加首届"一带一路"国际合作高峰论坛，并在民心相通分论坛上讲述比港故事。

指着墙上的比港全貌图，瓦姆瓦吉迪斯自豪地说："今天的比港是地中海最重要的港口之一，被誉为欧洲南大门。我为比港取得的成就感到骄傲，十分高兴参与建设并见证比港今天的辉煌。"

11 年前瓦姆瓦吉迪斯加入公司时，比港设备老旧不堪，桥吊只有 4 台能勉强运转。提货送货的卡车经常排到 5 公里以外，造成严重交通堵塞。很多船只不再停靠这里，偌大港口一度只剩下中远和以色列航运两家公司的货船。虽然很多人对他选择在比港工作很不理解，但瓦姆瓦吉迪斯从未动摇对比港发展的信心。

> 2019 年 11 月 8 日，雅典商务孔子学院比雷埃夫斯港教学点，比港希腊员工正在认真学习中文。叶琦 摄

> 2019 年 11 月 9 日，比雷埃夫斯港，希腊员工下班走出码头工作区。张朋辉 摄

11 年来，中远海运集团在这里投资先进设备、提升服务效率、强化规范管理。如今，全球三大航运联盟都是比港的长期客户。比港焕发了青春，当地人也获得了大量新的工作岗位。

"在希腊和比港陷于危机时伸出援手，中国是我们真正的朋友。"瓦姆瓦吉迪斯经常对大家说，"中国企业的到来意味着比港更快、更好的发展，意味着希腊更快、更好的发展。"

> 希腊比雷埃夫斯港。韩秉宸　摄

　　瓦姆瓦吉迪斯的父亲和儿子都在比港工作。说到儿子大学毕业选择比港的原因，他不无得意："当然是因为看到我对这里的工作太满意了。"他说："我们全家都相信，比港的明天一定会更加美好！"

　　瓦姆瓦吉迪斯说，他一直期待习近平主席访问希腊并到比港看看。"习主席的访问不但将深化两国的传统友谊，也是对两国互利合作的巨大支持。相信两国将继续在'一带一路'框架下共商未来合作大计。"

> 比雷埃夫斯港集装箱 2 号码头、3 号码头，分别由中远海运集团扩建与新建。韩秉宸　摄

"带动巴尔干、中东欧基础设施的改造升级"

在比港集装箱 3 号码头陆海快线区，门吊如一只巨大的手，轻轻抓起一个个集装箱，整齐码放到火车上。满载电子产品的中欧陆海快线列车整装待发，即将驶往斯洛伐克。

比雷埃夫斯，希腊语意为"扼守通道之地"。该港南面地中海，北靠巴尔干半岛，是欧洲大陆地中海沿线距苏伊士运河至直布罗陀主航线最近的港口之一，陆上直通港区的铁路线延伸至中东欧腹地。以比港为枢纽，丝绸之路经济带和 21 世纪海上丝绸之路以海铁联运的形式在欧洲实现完美衔接。

但在很长一段时间里，这里的港口和铁路并没有连在一起，需要通过货运汽车连接，十分低效。中企敏锐地意识到商机，建议希腊方面打通陆海联运的最后一公里。2017 年 1 月，由中远海运启动的第一列装载中国货物的火车由比港抵达匈牙利首都布达佩斯，中欧陆海快式联运正式开通。如今，中欧陆海快线列车每周开行近 30 列，覆盖 1500 个网点、约 7100 万人口。惠普、三星、索尼等国际知名企业纷纷在比港设立物流分拨中心。

"比港是起点，也是终点，双向陆海联运通道将亚洲和欧洲连接了起来。"中欧陆海快线公司副总经理丁建表示，同传统路线相比，海上运来的东亚国家货物在比港靠岸后，经铁路运送至中东欧国家，可以节省 7 至 10 天时间，运输成本大大降低。

中欧陆海快线有力提升了沿线各国物流水平。如今，中欧陆海快线已成为塞尔维亚铁路公司的最大客户，并在探索与德国、奥地利等国铁路公司的合作。

狄俄尼索斯·布兰扎已在中远海运工作 6 年多，负责物流基础设施和铁路运输路线拓展。"中欧陆海快式联运带动巴尔干、中东欧基础设施的改造升级，增进了欧亚经济联系。"他表示，"我们计划今年实现中欧陆海快线全年箱量两位数增幅，更好地服务北非、地中海、南欧及东欧等区域。"

"比港修船业在恢复，他们都能回到家人身边工作了"

2016 年 8 月，中远海运正式接管比港后，建造修船厂成为中远海运启动的第一个新项目。这也是希腊政府最迫切的希望。

希腊是世界上最早进行海上航行的国家之一，修船业曾是当地支柱产业。中远海运比港修船部总经理李维娜说，由于竞争对手提供更低的维修价格、更现代化的码头，在欧债危机中遭受重创的比港修船工作量急剧下降，不少优秀的希腊修船技术工人不得不去海外谋生。

"注意实施雪中送炭、急对方之所急、能够让当地老百姓受益的民生工程。"这是习近平主席就"一带一路"建设提出的要求。中远海运在比港的修船部项目，正契合这样的目标。

去年3月，中远海运特运"新光华"轮装载由中国制造的"比雷埃夫斯三号"浮船坞抵达比港。一个月后，浮船坞迎来进坞试运行，标志着中远海运修船部已具备修理大型 远洋船舶的能力。这极大提振了希腊修船产业的信心。

记者在修船部码头看到，希腊安耐克船舶公司的两艘客轮正停泊待修。2011年，希腊帮助中国从利比亚大规模撤侨，租用的正是该公司的客轮。如今，安耐克已成为这里的固定客户，不再远赴他国维护客轮。

浮船坞助理坞长米尔多斯拿出一沓文件，指着一列名单告诉记者："这些技术工人都是希腊人，在海外闯荡多年。现在，比港修船业在恢复，他们都能回到家人身边工作了。"

中远海运比港董事会秘书萨瓦斯告诉记者："港口事业发展是港口公司的成就，也是整个社区的成就。更多人拥有了工作机会，我们正在共享不断做大的蛋糕！"

（2019 年 11 月 11 日《人民日报》05 版）

国际回声

事实证明，比雷埃夫斯港项目是互惠互利的，有力促进了希腊经济复苏和社会发展，符合希腊国家和人民利益，得到了希腊人民的支持。希方也从中深刻体会到"朋友"一词的真正含义。希方愿同中方携手努力，做大做强比雷埃夫斯港项目，使其成为共建"一带一路"的典范。

——希腊总理米佐塔基斯

比港是中国连接欧洲的重要桥梁，为中国商品进入欧洲市场提供了更为便利的条件，希中两国在海洋领域的合作不断深化，发展空间广阔。比港用实实在在的成果，讲述互利合作的精彩故事。我们有信心和中国伙伴一起把项目做得更好。

——希腊比雷埃夫斯港管理局前董事塞诺斯·利亚古斯

比港历经发展，成为地中海最为重要的港口，归功于希腊与中国的精诚合作，这是中国对希腊投资的典范，也是希中两国共同的成功。

——希腊发展与投资部部长安东尼斯·乔奇雅迪斯

中欧"一带一路"合作还有很大的提升空间。希腊比雷埃夫斯港就是一个例子，证明了"一带一路"项目可以为整个地区注入活力，促进就业，进而为经济发展作出贡献。

——社会党国际主席、希腊前总理乔治·帕潘德里欧

学习视频

"民心工程"带来温暖和光明

李　满　周翰博　谢亚宏　王斯雨

学习金句

　　杜尚别2号热电厂是中塔务实合作的标志性项目，是两国人民友谊的象征。在双方共同努力下，项目一期工程已经并网发电，为改善杜尚别市民用电条件作出了突出贡献。希望两国建设者趁热打铁、再接再厉，继续做好二期项目建设，为当地人民带来更多温暖和光明。

　　——2014年9月13日，国家主席习近平和塔吉克斯坦总统拉赫蒙共同出席中塔电力和中国—中亚天然气管道合作项目开工仪式

　　说起塔吉克斯坦首都郊区的杜尚别2号热电厂，记者见到的杜尚别市民，无不竖起大拇指，因为这是给他们带来温暖和光明的"明星工程"和"民心工程"。这里寒冷而漫长的冬季，更显"中国技术"和"中国效率"的意义。

　　温暖和光明，承载着习近平主席的殷殷嘱托。

　　2014年9月，习近平主席与塔吉克斯坦总统拉赫蒙共同出席杜尚别2号热电厂一期工程竣工仪式、二期工程开工仪式并发表致辞。习主席勉励两国建设者趁热打铁、再接再厉，继续做好二期项目建设，为当地人民带来更多温暖和光明。如今，热电厂二期工程已提前竣工投产，成为拉近中塔两国民心的标志性项目。

> 由中企承建的杜尚别 2 号火电站。谢亚宏　摄

"我们终于告别了限电的历史"

　　热电厂塔方厂长穆罗德·尤苏波夫全程参与了项目的建设。聊起这座改变塔吉克斯坦火电历史的电厂，他完全掩饰不住内心的激动："2014 年拉赫蒙总统和习主席视察热电厂时我就在现场，非常明白他们对这里的重视与关心。经过我们的努力，今年塔吉克斯坦终于取消了冬季全国限电！不仅如此，去年我们的电能还首次实现出口，为国家创造了外汇。想到这些成绩和工厂的光明前景，我格外自豪。感谢和我们一起奋斗的中国朋友！"

　　杜尚别是一座美丽的山城，春季草长莺飞，阳光和煦，但到冬季就完全换了一副面孔。市民因迪佐告诉记者："这里最冷时气温可达零下十几摄氏度，北风吹得能冷到骨子里，每到冬天日子就特别难熬。我们缺电，又缺暖气，晚上一片漆黑也就罢了，在屋里冻得瑟瑟发抖可真让人受不了。至于孩子被冻感冒，更是家常便饭。每当抱着生病的孩子时我都在想，这样的苦日子何时是个头？"

塔吉克斯坦水电资源丰富，但一到冬季枯水季，依然要大面积限电，首都杜尚别也难以幸免。城区大部分地区日均供电不超过 4 小时，供暖更是无从谈起。电力短缺不仅严重影响民众生活，更成为国家经济发展的绊脚石。

关键时刻中国伸出了援助之手。在中塔两国政府的直接推动下，塔吉克斯坦能源部与中国新疆特变电工股份有限公司（简称特变电工）签订了建设杜尚别 2 号热电厂的合同。在千余名中塔技术人员和工人的共同努力下，一期两个机组于 2014 年成功启动，极大改善了杜尚别供电、供热条件。2016 年底，二期工程的两台 150 兆瓦机组和城市热网工程提前半年投入运营。热电厂一、二期工程年发电量可达 22 亿千瓦时，供热面积超过 430 万平方米，一举解决了长期困扰杜尚别的供电与供暖问题。

热电厂的全面投产可谓雪中送炭，让杜尚别市民过上了好日子。因迪佐满脸喜悦地告诉记者，这两年冬天家里不冷了，电器也不再是摆设。每天晚上，全家人能够坐在一起看电视，实在是太幸福了。"我们终于告别了限电的历史！"

"中国技术人员创造了奇迹"

面对塔吉克斯坦人民的殷殷重托，中国建设者用智慧和辛勤的劳动，建设起了一个高质量的样板工程，培养了一批能够独立操作各种专业设备的技术骨干。

项目的建设和运行并非一帆风顺。负责机器运行与维修的生产经理刘守同讲述了去年 1 月发生的一次事故抢修经历。时值隆冬，设备满负荷运转，磨煤机的磨辊却出现故障，必须停机检修。塔方业主检查后表示，因燃料煤杂质过多导致相关部件磨损，无法修复，只能临时订购配件，而采购、运输、安装、调试的过程大约需要 1 个月。"绝不能让杜尚别市民重新回到没有暖气的时代"，2 号热电厂项目部立即组织抢修队赶赴现场。7 名技艺高超的中国专家成为最后的希望。"仅仅 48 小时就修好了！"刘守同至今清晰记得，塔能源部副部长绍伊姆佐达得知设备恢复运转时竖起大拇指激动地说："中国技术人员创造了奇迹，展现了锲而不舍的工匠精神！"

"我们建设的热电厂要为塔吉克斯坦民众带来温暖和光明，但绝不能以污染环境为代价。"热电厂项目部总工程师卢光伟告诉记者，热电厂采用全球最先进的环保技术和设备。其中，电袋复合除尘技术除尘率超过 99.95%，石灰石—石膏湿法烟气脱硫率在 95% 以上，确保了工业排气超净排放；20 万吨封闭煤场的建设降低了周边环境的二次污染；等离子点火技术的使用真正做到了"零油耗"……"企业投入近 7000 万人民币用于脱硫和除尘，将厂区变成了花园，让周围的青山绿水更加美丽。这钱花得值！"

中国建设者深知，塔方工作人员才是确保设备未来长期稳定运转的中坚力量。因此，为塔吉克斯坦培养大型火力发电厂技术人才，中国企业责无旁贷。

涅乌佐夫是主控室的一名操作员。别看他年纪不大，可在控制台前，面对复杂的控制程序，他却从容淡定。小伙子告诉记者，是中国师傅教他看懂了各种指标和线路图，掌握了设备操控方法。"我师傅在厂里收了很多徒弟，我可是第一个出师的！"

师傅带徒弟的培训方式让一些基础好、领悟力强的"洋徒弟"迅速脱颖而出，萨托洛夫就是其中一个。作为技术骨干，他先后 3 次被派往中国学习，现在已成为专业工程师。"每次去中国都有新收获。现在，我对建设好我们自己的电厂更有信心了。"

记者在主控室门前看到一块展板，上边是周培训计划和阶段性业务考核成绩单。一名叫阿卜杜拉嘉波的塔籍员工以 95 分的成绩，获得 4 月份电气专业业务考评第一名。据悉，像阿卜杜拉嘉波这样的员工不仅能获得物质奖励，还成为赴中国进修的优先人选。

3 年多来，特变电工累计培训塔籍员工 600 多人，其中 250 人赴中国深造，100 人具备独立操作设备的能力。卢光伟对记者表示："我们不仅要展现大国工匠精神，还要培养素质过硬的本地技术骨干。我们有信心在今年 10 月前，将电厂 100% 交给塔方员工运营，让这里成为塔吉克斯坦火电工业的摇篮。"

"跟着中国朋友干不会错"

在追求经济效益的同时，特变电工也不忘履行社会责任。2 号热电厂项目部党工团工作负责人宋军华告诉记者，2017 年初，企业发起"一路关爱一路行"公益活动。"每逢节假日，我和我的同事都会探望本地区的残疾人困难家庭，为他们送去米、油、面等生活必需品。能够为他们做点事，我们也很高兴。"

此外，特变电工还在塔吉克斯坦兴建了 4 所现代化学校。其中杜尚别市"104 中塔友谊学校"以完善的硬件设施成为首都公认的重点学校。市民萨伊多夫对记者表示："中塔友谊学校条件好，教学质量高，还能学中文，大家都想去。"

如今已是特变电工塔吉克斯坦办事处后勤负责人的沙里夫告诉记者："2013 年，在家里最困难的时候，我听说中国企业要在这里建电站，便自告奋勇来找工作。这几年我用工资养活了 5 个孩子，和中国同事一起工作很开心。热电厂里的绿化都是我们完成的。看到原来的垃圾场变成了花园一般的现代化场所，我心里别提多痛快了！"沙里夫的妻子和大儿子也在这里工作，二儿子则在武汉学习中文。对于二儿子今后的工作，他早就规划好了："肯定是来这里工作啊！中国企业给我们的城市、我的家庭带来了新生，跟着中国朋友干不会错。"

热电厂位于瓦尔佐布河岸边。溯流上行约 3 公里，一座崭新的双向两车道公路桥映入眼帘。这是中国企业投资建设的又一项惠民工程。一个塔吉克斯坦小伙子指着河对岸告诉记者，以前去那边只能走上游的老桥，绕行一趟至少需要 25 分钟。"现在太方便了，感谢特变电工！"

一座桥，拉近了两岸居民的距离，也又一次拉近了中塔人民的心。

《 人民日报 》（ 2018 年 04 月 30 日 03 版）

国际回声

　　杜尚别热电厂让杜尚别冬季缺电成为历史，还解决了 50 多万人冬季供暖难题。这是真真正正的民心工程，是塔中互利合作的典范。

　　　　　　　　　　　　　　　　——杜尚别 2 号热电厂厂长莫罗德

　　由中国公司承建的杜尚别 2 号热电厂项目建成后，杜尚别彻底结束了冬季限电、停暖的历史。毫不夸张地说，"一带一路"倡议在塔吉克斯坦几乎家喻户晓。这个谋求互利共赢、共同发展的全球公共产品，必将获得更多国家的支持和拥护。

　　　　　　——塔吉克斯坦总统战略研究中心第一副主任萨法罗夫·赛福洛

学习视频

中马友谊大桥打开我们的发展大门

苑基荣

学习金句

中方将积极研究支持马方提出的马累—机场岛跨海大桥项目，支持中国企业参与马方经济发展计划和青年城等项目建设，投资马尔代夫旅游服务业，鼓励更多中国公民来马旅游。

——2014 年 9 月 15 日，国家主席习近平同马尔代夫总统亚明举行会谈

马尔代夫，印度洋上的群岛国家，由 26 组自然环礁、1192 个珊瑚岛组成，分布在 9 万平方公里的海域内。从飞机上俯瞰，一座座小岛就像一颗颗珍珠镶嵌在碧蓝的海面上。

水清沙幼，碧海蓝天，鱼群环绕。得天独厚的优美环境让马尔代夫成为全球旅游度假胜地。然而，马尔代夫人却有着自己的烦恼——长期以来，马尔代夫没有桥，绝大部分马尔代夫人没有见到过桥。连接各个岛屿的主要途径是摆渡，这严重制约了马尔代夫的发展空间。

正因如此，马尔代夫人民才把正在修建之中的中马友谊大桥看得特别重。马尔代夫总统亚明在大桥开工仪式上说："得知中国同意承建大桥项目是我最幸福的时刻。建成这座大桥是马尔代夫人民世代夙愿，也是整个国家未来发展的基石。"

马尔代夫是古代海上丝绸之路的重要驿站，扼守要道，通联八方。今天，记者在走访马尔代夫的过程中看到，在"一带一路"建设背景下，以中马友谊

> 中马友谊大桥。中交第二航务工程局有限公司供图，王明亮、杜才良　摄

大桥为代表的中马合作正如火如荼开展，这个群岛国家的发展活力正得到更大释放。

大桥建设是马尔代夫的世纪工程

谈起中马友谊大桥，此前担任过马尔代夫驻华大使的中马文化交流协会会长莫芮德很兴奋："是中国国家主席习近平的到来让我们这一发展愿景成为现实，帮助马尔代夫人实现了拥有桥梁的梦想。"

2014年9月，习近平主席对马尔代夫进行国事访问。两国元首会谈期间，对马累—机场岛跨海大桥这个合作项目，亚明总统格外重视，他主动提议将这座桥命名为"中马友谊大桥"，习近平主席欣然应允。也是在那次访问期间，亚明总统反复表示，习近平主席提出建设 21 世纪海上丝绸之路的倡议富有远见，马方完全支持并愿抓住机遇，积极参与。

马尔代夫人都说中马友谊大桥是马尔代夫的世纪工程，这真不是夸张。马尔代夫上千个岛屿中，住人的有 200 个，其中又以马累岛、机场岛和胡鲁马累岛为主要居住岛。此前，从机场岛到胡鲁马累岛有一条公路相连，但从马累岛到机场岛需要摆渡。马累岛面积不足 1.8 平方公里，道路窄到连货车卸货都很困难。因此，如果能修通马累岛连接机场岛的大桥，三个岛连成一片，马尔代夫国家发展空间立即会发生质的飞跃。

此外，中马友谊大桥也将有效缓解马累岛的居住和交通状况，为大马累环礁的经济发展打通交通大动脉，为马尔代夫城市功能拓展和经济腾飞奠定基础。马尔代夫住房与基础设施部部长穆罕默德·穆伊兹对记者说："马尔代夫的地形有别于世界上其他任何国家，大桥的建设将打开我们的发展大门。"

让马方感到欣喜的是，中国人不但说到做到，而且行动迅速。中马友谊大桥合作意向敲定后，中国商务部立即启动项目招标程序，选择最优秀的桥梁施工企业和项目管理公司参与建设，并和马尔代夫住房与基础设施部建立了中马友谊大桥政府间协调机制。

中交第二航务工程局有限公司中马友谊大桥项目施工技术组组长林树奎告诉记者，项目于 2015 年 12 月 30 日开工，预计 2018 年 8 月 20 日竣工，目前已完成总工程量的 50%。

"施工地狱"没有难住中国建设者

"马尔代夫虽是旅游天堂，但却是施工地狱。"中国商务部驻中马友谊大桥专职项目代表刘岭对记者开玩笑说。

中马友谊大桥项目的施工难度的确不小。大桥位于马尔代夫群岛潟湖与外海交汇处，海风强劲，无风涌浪高达 3 米，洋流多变，海水流速大，水深达 27 ~ 46 米，再加上珊瑚礁地质、高辐射、高湿度、高盐等多方面因素，施工条件极为恶劣。

然而，这些都没有难住中国建设者。通过优化桥梁设计方案，探索施工新

> 中马友谊大桥。中交第二航务工程局有限公司供图，王明亮、杜才良　摄路子，中国项目组攻克了令不少国际工程单位望而却步的难题。光是为了提高工作窗口分析精度，项目技术组就委托中国国家海洋环境预报中心对2006年至2015年这10年间桥位处波浪状况进行了后报。

马尔代夫常年气温都在32摄氏度左右。采访过程中，记者仅走完桥梁就喝了三瓶水。现场施工作业工人穿戴全套安全设备，个个汗流浃背，每日饮水量要达到5公升。除了高温，工人们在雨季施工，还面临登革热疫情和甲型H1N1流感疫情威胁。

马尔代夫没有建筑材料，大桥建设所需钢材、水泥等都从中国运来。第二批混凝土主材散货船抵达时，看着近5万吨材料，马尔代夫海关关长开起了玩笑，让技术组准备好每天8000美元的船舶滞期费，因为"没30天你们是卸不完货的"。最后，项目技术组硬是在12天船期内全部卸完材料。

大桥建设项目面临的环保压力同样不容忽视。记者在现场看到，焊工每人自带一个小桶，收集所有焊接作业留下的垃圾。据介绍，建设过程中，桥上产生的所有工业垃圾和生活垃圾全部转移处理，一滴油都不能掉入海里。或许这也是为什么记者看到桥墩处现在还不时有小鲨鱼出没。

刘岭告诉记者，中马友谊大桥参建各方克服了各种困难，目前项目的安全、进度、质量等各方面都满足建设要求。

当地人下班后爱看大桥建设现场

马尔代夫人民对大桥的渴望，中国施工方一直看在眼里，记在心上。

林树奎告诉记者，技术组建成临时施工便桥时，一些马尔代夫人就认为大桥已经建成了。过一段时间，看项目没有太大改变，又开始担心马尔代夫政府没给钱，中国企业不建了。再后来，塔吊和龙门吊在施工现场竖起，当地人终于舒了一口气，开始为年轻人以后可以骑着摩托车上下班而感到兴奋。马累岛临桥一面每天都站着很多观桥的人，马尔代夫政府还专门在技术组驻地附近修建了配备望远镜的观景平台，方便人们下班后看大桥建设进展。

采访过程中，无论马尔代夫官员还是民众，一提起大桥，都会对记者竖起大拇指，用中文说"好""谢谢"。当地民众还把到大桥项目工作视为荣耀。

> 中马友谊大桥。中交第二航务工程局有限公司供图，王明亮 摄

在项目组担任人力资源主管的阿米拉曾留学中国，会说中文。"我父亲为我在这里工作而感到自豪。我当初选择学中文是因为中国越来越强大，中文越来越普及。现在，马尔代夫参与了'一带一路'建设，这为我们带来了许多新机遇。"

中国驻马尔代夫使馆临时代办杨寅对记者表示，中马友谊大桥是两国共建面向未来的全面友好合作伙伴关系的具体体现。大桥对推动中马两国在基础设施领域的合作，共同打造政治互信、经济融合、文化包容的利益、命运和责任共同体，促进中马两国友好关系，具有极大推动作用。

傍晚，大桥施工现场"中马友谊天长地久"的霓虹灯格外显眼。远远望去，桥上的施工灯光与岸边游泳嬉戏和观桥的人群剪影相映成趣，构成了一幅动人画面。

《人民日报》（2017 年 05 月 01 日 03 版）

国际回声

　　中马友谊大桥是两国长期友好的象征，是马中友好的里程碑。感谢中国政府提供的帮助，我们实现了拥有跨海大桥的百年夙愿。马方愿同中方共建"一带一路"，共享发展繁荣。

　　　　　　　　　　　　　　　　　　——马尔代夫前总统亚明

　　这是一座寄托了马尔代夫当地人民世纪梦想的大桥，在其他国家表示不可能时，是中国让我们的梦想变成了现实。

　　　　　　　　　　——马尔代夫前建设部部长汉·乌马尔·扎希尔

学习视频

中篇

潮平两岸阔
风正一帆悬

科伦坡港口城项目创造了技术奇迹

苑基荣

　　1月16日，由中国交通建设股份有限公司（中国交建）与斯里兰卡政府联合投资开发建设的科伦坡港口城项目陆域形成完工仪式在科伦坡隆重举行。

　　伴随着三声鸣笛，在科伦坡港口城承担吹沙填海任务的大型挖沙船"新海

> 科伦坡港口城项目航拍图。中国交建科伦坡港口城项目公司供图

龙"号停止管吹。中国交建科伦坡港口城项目公司总经理江厚亮宣布,科伦坡港口城 269 公顷的填海土地已全部形成,较计划提前了两个月。这意味着,中斯共建"一带一路"的重点项目——科伦坡港口城取得重大进展,为后续二级开发打下坚实基础。

将为科伦坡打造一个全新的中央商务区

两年前，本报记者在当地采访时，从科伦坡的地标灯塔望去还是一片汪洋大海，今天映入眼帘的已是 269 公顷的陆地。站在位于海边的完工仪式现场，向陆地望去，一片巨大的沙海取代波涛汹涌的海洋，沙海尽头是一座座高楼大厦。从港口城新建的沙盘模型看，269 公顷土地犹如一头大象的头部，镶嵌在科伦坡最繁华的市区，象鼻部分是游艇码头，整体建筑高度从陆地到海洋依次递减，海洋景观尽收眼底。

为什么要以填海造地的方式建造一座港口城？斯里兰卡位于印度洋航道的中心点，"建造一座新的港口商业新城，能够填补新加坡与迪拜之间金融中心的空白，提升科伦坡的国际地位"，斯里兰卡大都市和西部省发展部科伦坡港口城项目总监尼哈·费尔南多对本报记者说，港口城项目精准对接斯里兰卡"大西部省"国家发展战略，将促进斯里兰卡国家经济发展，为民众创造就业机会。费尔南多表示："该项目是中斯共建'一带一路'的典范，将有力促进两国关系

> 科伦坡港口城项目航拍。 中国交建科伦坡港口城项目公司供图

的发展。"

中国交建科伦坡港口城项目工程建设总负责人王昊对本报记者说，作为中斯两国"一带一路"建设的重点合作项目，该项目不仅是中资企业在斯里兰卡最大投资项目，也是斯里兰卡单体最大的外商投资项目，项目一级投资约14亿美元，将带动二级投资超过130亿美元，规划建筑面积超过570万平方米，为当地创造8.3万个稳定就业机会。

按照规划，科伦坡港口城项目毗邻科伦坡中央商务区核心，是科伦坡中央商务区的延伸。从2014年9月动工，该项目的整体开发时间约25年，将为科伦坡打造一个全新的中央商务区。该项目建成后将有超过25万人在此工作生活，成为南亚地区的一座世界级都市。美国《福布斯》杂志将其评为"影响未来的五座新城"之一。

科伦坡港口城项目向前迈进了一大步

"沧海"变"桑田"已经成为现实。中斯建设者们为此付出了艰辛努力：

科伦坡港口城项目填海造地过程中,中企旗下的"浚洋1""万顷沙""新海凤""新海龙"4艘超大型耙吸挖泥船,不分昼夜来往于取砂区和吹填施工现场,日吹填工程量高达25万立方米,一天内可将一个标准足球场堆高35米。该项目累计完成7400余吹填船次,完成回填工程量达7100万立方米。

随着填海造地完工,科伦坡港口城项目向前迈进了一大步。从完工现场看去,填海工程外围全长3245米的防波堤仍在紧张施工建设中,各种大型机械依然各就各位。据悉,防波堤目前完成2800米,防波堤内,约2公里长、科伦坡市区唯一的沙滩雏形初现。

据介绍,科伦坡港口城项目总体规划分为五个部分:从陆地到海洋依次是游艇码头区、金融区、中央公园、国际品牌带动区和宜居生活岛。目前码头区已经初具雏形,二级开发招商已经提上日程。

在国际上缺少可借鉴的开敞式人工岛建设研究和工程实践的情况下,中国企业开展了印度洋季风期环境下的人工岛开敞式建设关键技术研究和工程应用课题,对设计技术和生产技术进行系统性融合和创新,包括引进扭王块200吨大型机械臂可视化安装施工工艺、可视化埋破系统施工技术等。江厚亮表示,填海工程完工不仅标志着整体项目工程取得重大进展,也是中国技术在世界舞台上的一次完美展现。斯里兰卡大都市与西部发展部长拉纳瓦卡说:"科伦坡港口城项目创造了技术奇迹,也是斯里兰卡有史以来最壮观的发展项目,将助力科伦坡成为南亚重要的经济中心。"

中国驻斯里兰卡大使程学源对本报记者表示,269公顷新土地是中斯友谊的见证,作为造福斯里兰卡社会的民心工程,科伦坡港口城项目将成为斯里兰卡经济发展的新引擎。

《人民日报》（2019年01月18日03版）

国际回声

科伦坡港口城是一个具有里程碑意义的项目，将会成为斯未来发展的发动机。它将惠及我们这一代人，更将造福子孙后代。

——斯里兰卡总理马欣达·拉贾帕克萨

港口城未来不仅将吸引国际企业落户科伦坡，也将成为助力斯里兰卡企业走向全球的平台。

——斯里兰卡科伦坡港口城项目公司战略与商业开发部负责人图尔西·阿鲁维哈勒

学习视频

在中国企业工作值得骄傲

蒋安全　苑基荣

学习金句

　　我们要发挥中国在赞比亚业已建立的中国投资贸易促进中心、农业示范中心、赞比亚——中国经贸合作区等两国经贸合作的"孵化器"作用，深化基础设施建设、矿业、农业、加工制造业、投资、贸易等领域互利合作。

　　——2015 年 03 月 30 日，国家主席习近平同赞比亚总统伦古举行会谈

　　蓝天白云下，一片与天空色彩相协调的蓝色厂房，330 千伏变电站，功能齐全的加油站，气派的综合办公楼……若非不期而遇的灌木丛和远处隐约可见的金合欢树提醒，你会误认为自己正置身于中国东部沿海的开发区。

　　这就是中国政府在非洲建立的第一个海外经济贸易合作区——赞比亚中国经贸合作区谦比西园区。合作区总经理昝宝森告诉本报记者，为了继承和弘扬中赞传统友谊，合作区建设者们发扬拓荒牛的精神，克服了一个又一个困难。6 年来，合作区吸引了 30 多家企业，总投资达 12 亿美元。

"这个工厂就是我的大学"

　　谦比西铜冶炼有限公司目前是赞中经贸合作区内规模较大的企业，它是赞三大铜冶炼公司之一，年产粗铜 20 万吨，雇用当地员工 1400 多名。在公司办

公楼前，两只巨大的铜手吸引了记者，公司副总经理余忠勤介绍说，这是公司两名员工的手模，象征着中赞两国员工共同托起公司的明天。

在公司控制室，27岁的秦乐观和26岁的姆弗维像一对兄弟，正密切观察着8个大型液晶屏幕，从每小时吃进上百吨矿石的艾萨炉进料口，直到炼成99%以上的粗铜，每个环节都在他们掌控之中。他们不时接听电话、发指令，并随时把情况写在记事本上。

姆弗维毕业于赞比亚铜带省大学，来公司工作才7个月。他说，一毕业就能进这样的大公司控制室，真是非常幸运。当然，实际操作与在学校所学的理论有很大差距。一开始，面对复杂的控制程序，他真有点不知所措，所以，只有努力学习，才能尽快适应工作需要。

身材高挑、戴着防护面罩的帅小伙费尼哈斯是一名清洁工。在吹炼转炉前，费尼哈斯对记者说，这是一个非常现代化的工厂，余热发电、含硫烟气生产硫酸，尾矿还要进行渣浮选，完全做到了绿色环保。更重要的是，公司的管理非常人性化。他说："我没受过良好教育，这个工厂就是我的大学！"

> 谦比西铜冶炼有限公司的铜冶炼车间。苑基荣 摄

"赞比亚青年以在中国企业上班为傲！"去年刚到赞中经贸合作区卢萨卡园区投资兴业的吉海农赞比亚公司董事长姚允武对记者讲了一个故事：公司开始规定不允许工人穿工作服回家。后来一名工人说："如果能让我们穿着工作服回家，让村里的人知道我们在中国企业上班就好了，因为在中国企业工作是值得骄傲的事。"工人们朴实的语言深深打动了姚允武，他马上改变了过去的决定。

"中国机械设备质量非常好"

赞中经贸合作区不仅为赞比亚筑巢引凤，还是展示中国制造的窗口。谦比西园区的瑞贝实业有限公司是专门经销中国重型机械的一家公司，来自中国重汽、安徽合力、徐工、泰特、山推等公司的挖掘机、推土机、装载机、压路机、重型卡车等，威风凛凛地陈列在这里。

毕业于赞比亚大学的公司人力资源主管卡尼娜在公司工作两年多了。她说："我在这里有机会深入了解中国重型机械制造业，也学会了很多机械操作技术，中国机械设备质量非常好。"

瑞贝公司总经理张淑敏对记者表示，你们可以到附近的钦戈拉—基特韦公路上去看看，中国的东风、豪沃等大型卡车都能看到。"中国制造"正越来越受到赞比亚人民的欢迎。

离开赞中经贸合作区，在其后几天的采访中，张淑敏的话得到了充分的证实：赞比亚南方省卡里巴水电站，是赞比亚电力枢纽，这里的发电量占赞比亚电力的54%。原来这里的四台150万千瓦的发电机组都是法国阿尔斯通的产品，电站也是法国公司修建的。

中国水电十一局赞比亚卡里巴项目经理张应超说，6年前当中国公司进入时，赞方人员还是比较迷信欧美标准，对中国标准是怀疑的，后来，中方技术人员通过将中国标准与欧洲标准逐条进行细化的比较分析，算是初步让他们将信将疑地接受了。直到去年12月4日，中国公司修建的第一台180万千瓦机组建成，由萨塔总统按下发电按钮后，他们才完全相信：中国标准不仅不比欧美标准低，有些还超过了欧美标准。

> 控制室内，控制员姆弗维正在与中国员工一起监控大屏幕。苑基荣　摄

"中国是非洲伟大的朋友"

如今，中国公司建造的两台180万千瓦的机组都已并网发电，电站主体工程都已完工，7月底将交给赞比亚国家电力公司。负责管理法国四台机组的哈曼伊接受记者采访时表示，中国公司建成安装的由哈尔滨电气集团公司生产的两台机组非常好。"我在这里已工作多年，对法国机组非常熟悉，相比而言，中国公司建设的两台机组运行效率更高，噪音、振动、摆度更小。"

同在南方省施工的山东电建，正在锡纳宗圭区曼巴镇建设赞比亚第一座大型火力发电厂。项目经理陶然告诉记者，他们建设的两台180万千瓦的机组将于明年10月并网发电。他认为，中国电力建设走出来带动了中国机电产品走出来，赞比亚人民对"中国制造"的日益认可，这是极大的鼓舞。

赞比亚贸工部常秘穆万萨对本报记者说，赞比亚中国经济贸易合作区的建立也更新了赞比亚的经济发展理念，由此人们对中国发展经验有了更深入的认识和了解。据昝宝森介绍，正是看到了赞中经贸合作区的成功，赞比亚政府目前已决定在卢萨卡南郊兴建一个经贸合作区。赞比亚矿业、能源及水利发展部部长克里斯托·雅卢玛告诉本报记者，赞比亚目前正处于工业转型期，希望在合作区的带动下，大力推进工业化进程。

赞比亚总统萨塔表示，政府应尽快执行国家工业化战略，创造就业，促进农业、旅游业、制造业和建筑业发展。

正因如此，作为赞中两国关系的创建者、90 岁高龄的赞比亚前总统卡翁达老人仍时刻关注着中国企业在赞比亚的发展，他在接受本报记者采访时说："中国是非洲伟大的朋友，中国总是尽一切可能来帮助非洲，赞比亚更是获益匪浅。"

《人民日报》（2014 年 07 月 01 日 22 版）

国际回声

这是赞中两国友谊合作的生动写照。

——赞比亚前总统姆瓦纳瓦萨

赞中经贸合作区已成为本地区乃至非洲构建最有力的投资平台之一，为推动赞工业化进程作出了巨大贡献。

——赞比亚前副总统斯科特

学习视频

盼望习主席来瓜达尔港看一看

杨 迅 孟祥麟 宦 翔 徐 伟

> **学习金句**
>
> 中巴经济走廊位于丝绸之路经济带和 21 世纪海上丝绸之路交会处，是"一带一路"倡议的重大项目。双方要以中巴经济走廊建设为中心，瓜达尔港、能源、基础设施建设、产业合作为四大重点，形成"1+4"合作布局，带动巴基斯坦各地区发展，让巴基斯坦广大民众得到实惠。
>
> ——2015 年 4 月 19 日，在对巴基斯坦进行国事访问前夕，国家主席习近平在巴基斯坦《战斗报》和《每日新闻报》同时发表题为《中巴人民友谊万岁》的署名文章

瓜达尔，在乌尔都语里的意思是"风之谷"，海风日夜不息地吹打着亘古延绵的裸露砂山。历史上，东印度公司的探险家曾用"崎岖而老旧"来形容这片土地。而今天，在巴基斯坦人民眼中，这里是国家振兴的重要希望。港口及自由区项目建设的稳步推进，让世界的目光越来越多地投向这片梦想之地。

变化发生于短短几年之间。在中巴"一带一路"合作不断推进的背景下，瓜达尔港建设收获了强大动能。

2014 年 2 月，中国国家主席习近平同来访的巴基斯坦总统侯赛因达成共识，瓜达尔港被列为促进中巴"一带一路"合作的旗舰项目。3 个月后，习近平主席会见侯赛因总统时再度提出，中巴经济走廊建设是"一带一路"合作的重

> 瓜达尔自由区正门。中国海外港口控股有限公司供图

要组成部分，瓜达尔港是当前应该重点落实好的项目之一。2015 年，习近平主席对巴基斯坦进行历史性访问，全面擘画中巴"1+4"合作布局，瓜达尔港成为四大重点之一。两国高层的亲自推动，让瓜达尔港建设迎来了前所未有的机遇期。

早在上世纪 60 年代，富有远见的巴基斯坦政治家就把瓜达尔视为未来巴基斯坦融入全球发展的希望所在，因为这里濒临阿拉伯海，靠近霍尔木兹海峡，是难得的深水良港，堪称印度洋咽喉要地。今天，记者走在如火如荼建设之中的瓜达尔港，同工人们交谈，同当地民众交谈，时时刻刻感受到友谊与梦想正给这片土地带来全新活力。

抢到去瓜达尔的机票是"一种幸运"

两年前，习近平主席访问巴基斯坦时，瓜达尔市长巴布·古拉布亲身参与

> 从瓜达尔自由区远眺瓜达尔港。中国海外港口控股有限公司供图

了瓜达尔项目合作协议的签署。

　　回忆起那一幕，他告诉本报记者："你无法想象当时我有多么激动。习近平主席是一位目光深远的领导人，别人只能想到几年，他的构想能涵盖几十年，甚至一百年。如今瓜达尔港建设正朝着习主席提出的方向推进。作为'一带一路'的重要组成部分，瓜达尔港建设不仅将惠及中巴两国人民，而且将造福区域国家的人民。"巴布·古拉布对瓜达尔呈现日新月异的面貌欣喜不已。

　　2013年，本报记者第一次探访瓜达尔港时，这里人烟稀少，视线所及之处都是沙漠，当地居民祖祖辈辈靠打鱼为生。每周只有一班航班从巴基斯坦南部港口城市卡拉奇飞往瓜达尔，中国人的身影更是几乎看不到。40多摄氏度的高温下，当地唯一一家酒店的空调时常因为停电而"罢工"。

　　而今，记者再次探访瓜达尔港，看到变化无处不在，最明显的就是来瓜达尔的人大大增多了。卡拉奇到瓜达尔的航班，已经变成每天一班，能抢到前往瓜达尔的机票，还被看作"一种幸运"。在前往瓜达尔的飞机上，记者与身边的巴基斯坦朋友交流，他们的目标十分一致，就是前往瓜达尔寻找商机。巴基斯坦朋友十分关注中国新闻，他们甚至跟记者开玩笑说，瓜达尔就是巴基斯坦的雄安。

房地产商人穆罕默德·穆扎法给记者算了一笔账。2013 年，也就是巴基斯坦政府将瓜达尔港运营权移交给中国企业的那一年，当地一块 836 平方米的土地，价格约为 50 万卢比。如今，同样大小的地块要价 750 万卢比，涨了 15 倍。穆罕默德·穆扎法和朋友这次来瓜达尔，也是为了考察土地情况。正因为商界人士越来越频繁地出现在瓜达尔，曾经生意惨淡到快要关门的 PC 酒店，如今却常常爆满。火爆的行情背后，是巴基斯坦各界人士对瓜达尔港前景的一致看好。

瓜达尔港自由区有限公司副总经理胡耀宗向记者介绍说，按照当前的建设速度，瓜达尔港面貌每隔 3 个月就会发生一次重大变化。企业高管密集考察，项目陆续开工，概念不断创新，这一切正让过去的那个小渔村，逐步成为备受瞩目的国际化港口和投资乐园。

丝路情缘汇入建设的脚步

区位优势决定了发展潜力，但要将潜力变为现实，离不开建设者的坚韧开拓。

要有水，要有路，要有申……建设瓜达尔港的挑战是显而易见的。面对困难，中国海外港口控股有限公司（中国港控）一步一个脚印，在过去几年间逐步修复了瓜达尔港供水、供电、港机、仓库和监控系统，开通了前往中国、中东和非洲的固定航线。直至 2016 年，瓜达尔港完成港口设施恢复和重建，已经完全具备集装箱、散货、滚装货物处理能力。

中国港控董事长、总经理张保中在接受本报记者采访时表示，中国港控按照习近平主席提出的"1+4"合作布局，努力让合作成果惠及当地。不同于常规合作项目，瓜达尔港并非单一工程，而是一个系统工程，综合性很高，既包

> 瓜达尔港鸟瞰 。中国海外港口控股有限公司供图

括港口的运营，还包括自由区的开发。"我们希望把中国建设特区、经济开发区的经验移植到巴基斯坦，启动一个新的经济发展模型，从而带动整个巴基斯坦工业化转型。未来的瓜达尔自由区是个小社会，将成为示范性项目。"

　　工程建设快步推进背后，是中国公司多年如一日的坚守和耕耘。才刚到 4 月，瓜达尔中午的气温已经直逼 40 摄氏度。为了多项工程按期完工，中国员

工选择默默奉献，毫无怨言。胡耀宗赶在妻子十月怀胎期内回国探亲，却因为工作必须提前回港，险些没能见证孩子的出生。胡耀宗为孩子取名"胡洌麓"，以此标注特殊的"一带一路"情缘。

瓜达尔港建设日渐完善，商业吸引力与日俱增。新国际机场、职工培训中心、现代化医院、装机容量30万千瓦的燃煤发电厂、日处理能力达500万加仑的海水淡化厂……这一系列项目，目的是为了改善当地民众的生活水平，丰富瓜达尔的产业结构。来自中国的建设者是好样的，中巴传统友谊汇入新的力量。

"我们的生活彻底变了样"

清晨 8 点，瓜达尔港鱼市。伴随着打桩机的声音，渔民们的脸上挂着笑容，冲我们几个中国记者伸出了大拇指："自从中国公司来了以后，我们的生活彻底变了样。"

习近平主席强调，中巴要弘义融利，实现共同发展。中国企业实实在在地践行这一主张。今天，瓜达尔港建设快步迈进，最早受益的是当地民众。建设过程中，中国港控明确了一条"规矩"——让当地老百姓挣到钱。公司积极推动入驻瓜达尔港的渔业加工企业同当地渔民合作，对渔民加以培训，同时鼓励渔民以鱼获的形式返给加工企业。

目前，中国红十字基金会正在瓜达尔建设一个现代化的急救中心。根据规划，这个中心将在 5 月之前建成，还会请来中国医生，将有助于缓解当地民众看病难这个老问题。

中国驻巴基斯坦大使孙卫东给记者讲了这样一个故事。生活在瓜达尔港的穆哈迈德老人今年 65 岁，全家共 10 口人，生活并不富裕。听说中方要捐款在当地建立一所学校，他便毫不犹豫地把自己一块 752 平方米的土地无偿捐给政府，由中方在此援建了法曲尔小学。现在，学校已经投入使用。当初捐地时，老人的亲戚们都表示，瓜达尔地区地价在快速上涨，你把地捐了吃亏了。但在老人看来，教育对于改变巴基斯坦来说是最重要的事，同时中国公司很靠谱，让人放心。老人的儿子纳西姆·俾路支这样解释父亲的举动——父亲虽然不善言辞，但对"一带一路"和中巴经济走廊很认同，认为习近平主席是一位视野开阔的领导人。

采访结束前，正赶上瓜达尔港日出。那是一个壮丽的清晨，一轮红彤彤的旭日从海面升起，港区雄浑的打桩声，与阿拉伯海的浪涛声交汇。记者不禁想起此行采访中瓜达尔民众诚挚的心声——

"中国的存在，让我们能够听到瓜达尔发展的脉搏。"

"习近平主席提出的'一带一路'倡议，为瓜达尔带来了巨大的发展变化，我们盼望习主席来瓜达尔港看一看。"

……

《人民日报》（ 2017 年 04 月 17 日 03 版）

国际回声

瓜达尔港的快速发展为巴基斯坦提供了与世界联通的新机遇，为巴基斯坦经济发展带来新的动力。当地人找到新工作、学会新技术、开发新产业，生活条件得到很大改善。

——巴基斯坦总理中巴经济走廊事务特别助理哈立德·曼苏尔

瓜达尔港地处巴基斯坦西南边陲。在这里进行港口和自由区的开发建设，本身就是一项非常具有挑战性的艰巨任务。2015 年 4 月，巴基斯坦人民迎来了习近平主席的历史性访问。之后的几年里，一件件"好事"开始在瓜达尔港发生。

在两国建设者的共同努力下，瓜达尔港更新了港口设施，还开通了首条集装箱班轮航线。这对一个港口而言意义重大。不仅如此，现代化的商业中心日渐增多，商业考察团络绎不绝，自由区厂房建设也进展顺利。

——巴基斯坦瓜达尔港港务局前主席杜斯廷·汗·贾迈勒迪尼

学习视频

互利合作的典范 创造奇迹的沃土

吴 焰 屈 佩

 学习金句

近年来，中白双边贸易大幅增长。两国经贸合作潜力大，互补性强，有很大发展空间。中方愿继续同白方一道拓宽贸易领域，改善贸易结构，提高贸易质量，促进贸易平衡。中白工业园是双方务实合作的新探索，也是构建丝绸之路经济带的标志性工程。希望双方对接好入园项目，同时规划长远，以中白工业园为中心，打造具有国际竞争力的产业。

——2015 年 5 月 11 日，国家主席习近平在明斯克会见白俄罗斯总理科比亚科夫

白俄罗斯是中方建设丝绸之路经济带重要合作伙伴。双方要共同推动丝绸之路经济带建设取得早期收获，通过中白工业园建设，带动两国贸易、投资、金融、地方等全方位合作。

——2015 年 9 月 2 日，国家主席习近平会见白俄罗斯总统卢卡申科

2015 年 5 月，习近平主席在白俄罗斯总统卢卡申科陪同下考察中白工业园，表示要将园区项目打造成丝绸之路经济带上的明珠和双方互利合作的典范。短短 3 年，这个中白两国政府倡导支持、迄今为止中国在海外投资建设规

> 招商局集团为小牛村捐建了"中白友谊路"。屈佩 摄

模最大的产业园区，正在发生巨变。初夏时节，本报记者奔赴园区采访了几位具有代表性的白方人士。

"给两国带来共赢的未来"

5月11日上午，中白工业园，"2018新居民企业揭牌仪式"正在这里隆重举行。

"已有34家来自世界不同国家的企业进驻了园区，距年底入园企业40家的目标，指日可待了。"中白工业园管委会主任亚历山大·雅罗申科掩饰不住内心的兴奋。

中白工业园之于白俄罗斯有太多深意。长期担任白俄罗斯经济部副部长的雅罗申科对此最有体会。

2010年3月，时任中国国家副主席的习近平访问白俄罗斯。卢卡申科总统提出，中国和新加坡合办的苏州工业园很成功，希望借鉴有关经验在白俄罗斯境内建立中白工业园。2011年9月，中白两国签署合作协定，决定在位于明斯克以东约25公里、毗邻机场的地方，划出91.5平方公里土地，作为中白两国政府合作建设的国际化工业园区。

> 中白工业园整体建设规划的沙盘模型。人民视觉供图

"当时就震惊了白俄罗斯上下。"雅罗申科向记者透露两个细节：一是面积，明斯克全市面积不过300多平方公里，新建园区就大约占1/3；二是名称，卢卡申科总统亲自命名中白工业园为"巨石"，要将它打造成奠定中白合作的友好基石。

"之所以如此看重中白工业园，我想，是看到了中国的实力、中国的经验，中国是真心帮助我们发展的。"担任经济部副部长期间，雅罗申科曾先后4次去苏州工业园区考察。

"两国领导人规划的不仅是工业园，更是两国合作的一个示范。"从那时起，雅罗申科无比期待自己有机会直接参与这个工业园的建设。当上中白工业园管委会主任后，他开始了同中国前所未有的亲密接触，"每周一定会见到一批中国的企业代表团或者地方政府代表团。"

从3年前的"帐篷沙盘"，到一栋栋房屋拔地而起，进度条上的变化，让他感受到"热火朝天"。听记者感慨"一年不见，园区大变"，雅罗申科不禁打趣起来："我经常去园区，都会惊讶于变化之大，何况你呢？"

随着中白工业园开发建设、招商引资的启动，除了中白两国的企业外，还吸引了来自俄罗斯、德国、美国、奥地利、立陶宛等国家的企业入园。"一带一路"上重要节点港口——德国杜伊斯堡港，最近成了园区的新股东。这意味着，中白工业园面向以欧洲为主的招商引资计划，正在朝着预期方向推进。雅罗申科办公室的书架上摆着很多国家的小国旗，他带着骄傲的表情介绍说，"每达成一个合作意向，我会把对方国家的国旗摆在办公室里"。

去年5月，雅罗申科参加了在北京举行的"一带一路"国际合作高峰论坛。这段经历也成为他记忆中最为深刻的中国印象。"我非常庆幸白俄罗斯是最早参与其中的国家之一。"他说，"我们的项目很有意义，我相信能给两国带来共赢的未来。"

"我明白了中国为什么发展这么快"

右前方，是美国的一家激光项目企业，今年9月即将投产；再往前，是来自中国的潍柴动力厂房，此刻，他们正在加紧调试设备；正前方，由中白两国建成的科技成果转化大楼效果图已经挂出；不远处，招商局物流中心展示中心，在阳光下分外引人注目……

从中白工业园开发公司二楼平台上望出去，基里尔·科罗捷耶夫带着笑容，如数家珍地介绍着。身为中白工业园开发公司的第一副总经理，他一直深感责任重大。开发公司由中白双方股东出资组建，负责园区土地开发与经营、物业管理、招商引资等。从最早的组织框架规划，到基础设施建设……他说，最难的阶段已经过去，现在工业园区重心开始转向招商引资并初具规模。

> 中白友谊路"建成通车仪式现场。资料图片

> 中白工业园中随处可见的"时间就是金钱，效率就是生命"标语。屈佩　摄

　　基础设施以及厂房修建阶段，创造了 4000 万美元的税收——"光这一项，就已经大于前期政府对工业园的投入。"园区建设高峰时，工作人员、施工人员达到 5000 多人，75% 是白俄罗斯人——"看出园区的就业吸引能力了吧！"入园企业已有 34 家，"到 2020 年，我们想要实现 100 家的目标，同时使工业园对白俄罗斯国内生产总值的贡献率达到 1% ～ 5%。"科罗捷耶夫高兴地摆出这些最新数据，话语里很有信心。

　　这几年，科罗捷耶夫多次前往中国，尤其是开发公司中方企业招商局所在的深圳。百闻不如一见。"我知道深圳对于中国改革开放的意义，我也知道今年是中国改革开放的 40 周年。"科罗捷耶夫说，与中国方面合作的过程，也是他学习中国发展经验的过程。

　　在园区，经常可见一块醒目的标语："时间就是金钱，效率就是生命"。科罗捷耶夫说，当初，中白工业园开发公司首席执行官胡政坚持要将这个最代表深圳城市精神、最具有中国改革开放特色的口号立在园区时，他内心直犯嘀咕，甚至还有点抵触。因为白俄罗斯人的性格更多是求稳，不喜欢快节奏。然而，他目睹了中国人是以怎样的拼劲，加上创新的勇气，让中白工业园几乎天天都在进步，招商局投资的商贸物流园成了园区中投资规模最大、建设规模最大、最早动工、最早建成的大项目，成为中白工业园快速发展的标志和示范。科罗捷耶夫说："我明白了中国为什么发展这么快。我也坚信，中白工业园会有更好更快的发展。"

"中国人是好朋友，中国企业是好企业"

高大健壮的米哈伊尔·扎戈尔采夫从办公室迎过来，用熟练的汉语打起招呼："你好！我们和中国这几年的关系越走越近，是好兄弟。"

中白工业园所在地，正是他作为区长的莫列斯维奇区。拥有这样一个白俄罗斯史无前例的"巨无霸"园区，扎戈尔采夫表示"很骄傲"。不过，当初园区选址定在莫列斯维奇区并非没有争议。一个担忧就是：园区开发，难以避免地会将树林密布的绿地变为黄沙漫漫的工地、鳞次栉比的厂房。

扎戈尔采夫透露：选址过程中，中方代表在选址时来到这里，看着林地和生态，眼前飞过的小鸟，一再强调：这里生态太好了，建工业园，一定要把对自然的破坏降到最低，保护好。

"翻译翻出这句话时，我特别感动。心里很踏实。"扎戈尔采夫说。园区内的两个自然保护区，也都在开发建设过程中，得以完整保留下来。园区和地方政府还签订了生态环保方面的协议，从而将一些疑虑彻底打消。

工业园区一天天"长大"给当地人带来很多变化。中方资助一些员工和学生到中国培训、留学，还投资建成了区里往返工业园区的公交线路、车站，并援建学校、幼儿园和医院。"工业园建设需要不少人；许多企业陆续入驻，也需要一些员工，给我们提供了更多就业机会。"扎戈尔采夫说，不少年轻人看到工业园的发展势头与未来新城规模的蓝图，放弃了去欧美国家工作的机会，期望在这个家门口的国际化产业园区找到自己的机会。

让扎戈尔采夫念念不忘的还有两件事。2016 年 7 月，一场风暴降临明斯克。狂风折断了树木，掀掉了屋顶，摧毁了家园，招商局第一时间送来了 10 万美元紧急救灾款；2017 年 5 月，中白工业园中方开发公司专门为小牛村村民捐资修路，把全村唯一的砂石土路，变成了 1.2 公里的沥青路。当胡政说"今后我们就是邻居、是朋友、是一家人"时，村里最年长的那位 86 岁老人不禁抹起眼泪。

"中国人是好朋友，中国企业是好企业。我们心相通，友谊长存。"扎戈尔采夫不断强调，为了更好地支持中白工业园，区里专门派驻人员入园，协调相关事宜，"沟通很顺畅。"

去年，他第一次踏上中国土地，还从北京乘坐高铁到上海。"中国的发展令我惊讶，中国人的友好特别是那种干事情的拼劲和认真细致，给我留下极深印象。"他的办公室里摆放着一列和谐号高铁模型，扎戈尔采夫说，"非常快，非常稳。就像我们两国人民的友谊。"

"我家的幸福，已经与中白工业园密不可分了"

打开保险柜，安德烈·彻列潘诺夫小心地从最上面一层格子里取出一个盒子、一本证书。小心翼翼地打开盒子，里面是一枚荣誉勋章。证书上写着奖励中白工业园开发公司"优秀员工"的字样。

2015 年应聘成为中白商贸物流股份有限公司员工的彻列潘诺夫，现在是公司财务总监，也是公司里最早的白方工作人员。

说起与中白工业园的结缘，彻列潘诺夫说，最早看到招聘信息时，他觉得，这样一个两国政府共同推动下的大项目，"肯定有前途"，更重要的是会有"创新"。无论是从收入待遇还是工作稳定度来看，都肯定不错。新工作、新环境果然没令他失望，而且还给他带来荣誉感。

彻列潘诺夫很开心地分享着他的幸福：前年，家里迎来了第四个宝贝；去年，他贷款换了一套大房子。如今他们全家每个周末一起去度假，其乐融融。他还热情地邀请记者："去家里看看，我的太太很漂亮，我的孩子们特别可爱。"脸上挂满了真诚和笑意。

彻列潘诺夫的荣誉感更来自中白工业园区。亲眼看着这个"商贸物流园"一点一滴地从基础设施到厂房建设，特别是这一年来，有来自美国、德国，当然还有中国等国家的企业入驻园区，特别有效率，特别快。虽然财务工作的经历让彻列潘诺夫喜欢冷静、喜欢稳定，但工业园区的日新月异，也不禁让他激动，"感觉自己在做一项很有挑战的工作，感受着各种振奋人心的事。"

彻列潘诺夫有个心愿——学说汉语，但工作太忙抽不出时间。不过，这并不影响他和中方员工的友谊，"我喜欢我的中国同事们，我也很感谢工业园区给我带来的这个机会与经历。"他的几个孩子对中国也有了更多感情。彻列潘诺夫打开手机，给记者看最新的家庭录像。视频里，老三正在家里，挥着中国与白俄罗斯的两面小国旗，一边欢快地奔跑着，一边用俄语和汉语喊着"中国"！

《人民日报》（2018 年 06 月 04 日 23 版）

国际回声

白方愿密切同中方经贸、地方、高技术合作，积极参与"一带一路"建设，把中白工业园打造成为"一带一路"标志性项目。

——白俄罗斯总统卢卡申科

学习视频

中企助力"越南制造"走向世界

刘 刚 张志文

学习金句

中越两国山水相连，两国人民友好交往源远流长。在争取国家独立和民族解放的斗争中，我们并肩战斗、相互支持，结下了深厚友谊。在推进富有各自特色的社会主义建设事业中，我们相互学习、相互帮助，培育了丰硕成果。中越关系超越了一般意义上的双边关系，具有十分重要的战略意义。

——2015年11月6日，中共中央总书记、国家主席习近平在越南国会发表题为《共同谱写中越友好新篇章》的重要演讲

越来越多的中国企业到越南投资兴业。天虹集团在越南经营十几年，在广宁省兴建的工厂为当地创造了7000多个就业岗位，也是省内纳税大户。以中国民营企业为主的投资商在前江省创建的龙江工业园，已有30多家企业入驻。

——2017年11月9日，在对越南社会主义共和国进行国事访问前夕，中共中央总书记、国家主席习近平在越南《人民报》发表题为《开创中越友好新局面》的署名文章

> 龙江工业园园区大门。刘刚 摄

中共中央总书记、国家主席习近平日前在越南《人民报》发表题为《开创中越友好新局面》的署名文章指出，要打造具有战略意义的命运共同体。新时代，新征程。一大批中国企业认真践行中越命运共同体精神，为越南百姓实现强国富民梦贡献力量。

刚开始看重工资，现在我们有了缘分

娴熟专业的操作、整齐有序的生产线。这是日前记者在方正电机（越南）有限责任公司车间采访时看到的场景。

在繁忙的车间里，越南员工黄氏小诗正在她负责的定子、转子岗位上认真工作。从胡志明市高校毕业后，小诗就来到方正电机工作。6 年时间，她从一名刚出校门的学生成长为现场主管，这离不开公司全方位的职业培训。

"刚来方正电机时，我就是一张白纸，都不知道如何与人打交道，更不用提管理当地员工了。"小诗向本报记者介绍说，"中国企业为我们提供了管理技能、质量认证等非常全面的培训，这样的培训对我们的成长非常有帮助。"

> 在龙江工业园，方正电机公司当地员工正认真作业。刘刚　摄

　　小诗供职的方正电机越南公司，是中国浙江方正电机股份有限公司在越南的全资子公司，于 2012 年成立。母公司的主要产品为电脑高速自动平缝机及各类缝纫机马达、汽车马达，45% 以上的产品出口，远销欧美、中东、东南亚等 70 多个国家和地区。

　　方正电机越南公司副总经理陈文伟表示，他们年产 350 万—400 万台缝纫机马达，在全球市场占有率达到 40%—50%。在工厂起步初期，公司就招收了100 多名当地员工。随着生产规模逐渐扩大，目前已经为当地提供约 400 个就业岗位，"中国企业在越南发展得越好，才能带动更多的'越南制造'走出越南，走向世界。"

投资的"安全平台"和就业的"旗舰"

　　从中国浙江，到越南前江，方正公司不但让"越南制造"的缝纫机马达在国际市场占据重要位置，也让当地员工的收入显著增加。采访中，很多当地员工都提到"缘分"。作为一名普通技术工人，他们没有过于华丽的辞藻，但表达的是中国企业与越南员工结成的命运共同体意识。

"每个月能赚 1200 万越南盾（约合 3600 元人民币），我和我的家人都很知足。"小诗说，她已经在前江省安了家，准备长期扎根方正电机，与企业同命运、共发展。采访中，小诗一直强调，刚开始来这里工作看重的是工资待遇。工作久了，与中国企业产生了情感，"是命运相牵的缘分"。

尽管品牌已经打响，方正越南公司仍在努力提升出口海外的"越南制造"品质。2017 年，方正电机越南公司还荣获越南同行业"最佳贡献奖"。

方正电机在越南取得的成功，是中越两国优势产能合作的一个成功案例。而方正电机入驻的龙江工业园，更是越南创造就业的"旗舰"。

龙江工业园发展有限公司副总经理唐震宇向本报记者介绍，龙江工业园是中国商务部认定的首批国家级境外经贸合作区之一，位于越南南部前江省，地处九龙江平原。工业园由浙江前江投资管理有限公司于 2007 年投资开发，区位优势明显，距胡志明市 40 公里，距胡志明市新山一国际机场 50 公里，距西贡港集装箱码头 50 公里。

"目前，已有 39 家企业入驻龙江工业园，这些企业在产业、产能等方面都具有优势。尽管一些企业仍处于建设阶段，但 2016 年工业园产值就达到 5 亿美元，占前江省工业产值的三成，带动出口 4.2 亿美元。"龙江工业园发展有限公司总经理余索向本报记者介绍。

虽然前期资金投入巨大，企业尚未实现盈利，但龙江工业园发展有限公司非常看重履行企业社会责任。龙江工业园发展有限公司董事长翁明照介绍说："龙江自掏腰包 50 多万美元建桥修路，为居住在茅草屋里的贫困户家庭建情义屋，还为家境困难的学生发放奖学金。"

"精准扶贫"是中国国内热词，在龙江工业园内同样热度很高。园内一家专门生产编织袋的企业永峰公司，与当地残疾人、老年人签订产品订单，将原材料送到他们手中，产品编织完成后，企业进行回收，并支付计件工资。这种"点对点"的精准扶贫模式切实改善了当地贫困户的生活，得到当地政府的认可和表扬。

翁明照表示，龙江工业园希望打造中国企业来越投资的"安全平台"、为当地百姓创造就业机会的"旗舰"。

《人民日报》（2017 年 11 月 15 日 23 版）

国际回声

越方感谢中方给予的帮助，致力于提升越中合作水平，希望加强同中方在投资、贸易、产能、科技、农业、电力、基础设施建设、跨境经济合作区建设等领域合作，落实好"两廊一圈"和"一带一路"建设对接，密切地方、旅游、文化等人文交流。

——越南前总理阮春福

中国是世界第二大经济体，越南经济也继续保持稳定增长，两国有很大合作潜力。目前，越南正转变经济增长方式、调整经济结构，大力推进工业化、现代化建设。在此过程中，越南欢迎中国企业投资建设当地所需的基础设施、制造业、清洁能源等领域大项目，并向越南转让相关技术。

——越南前国家主席陈大光

科技援助，中非合作新气象

王云松　刘仲华　裴广江　李志伟　吕　强

学习金句

当前，中肯平等互信、互利共赢的全面合作伙伴关系呈现强劲活力。中方愿同肯方一道努力，全面深化各领域友好合作，推动中肯关系不断迈上新台阶。双方要巩固政治互信，保持高层交往；拓展互利合作，实施好铁路、经济特区等重大合作项目；密切人文交流，推进中非联合研究中心、中国文化中心等项目，开展保护生态环境和野生动物合作；深化国际协作，就气候变化等重大国际和地区问题加强沟通协调，中方支持肯方在维护地区和平稳定方面发挥更大作用。

——2015 年 12 月 3 日，国家主席习近平会见肯尼亚总统肯雅塔

在肯尼亚首都内罗毕市郊的乔莫·肯雅塔农业科技大学校园内，一座被称作"友谊亭"的中国古典凉亭格外醒目。友谊亭周围绿树掩映，鲜花盛开，一幅生机盎然的景象。就在几年前，这里还是一片荒地。不远处，就是中国政府在海外援建的第一个大型综合性科教机构——中国科学院中非联合研究中心。研究中心的外观与周围的自然环境融为一体，内部各种先进实验设备一应俱全。近日，本报记者走进该中心，倾听中国科技工作者的非洲故事和中非科技合作的"好声音"。

中非科技合作新模式的拓荒者

1996 年，当很多中国人还在通过《乞力马扎罗的雪》《走出非洲》等欧美电影来了解非洲时，时任武汉大学讲师王青锋就作为援非专家前往乍得，第一次踏上了非洲的土地。从此，他跟非洲结下了不解之缘。"在乍得时，出于植物学专业本能，我业余时间就背上标本夹，骑上摩托车去野外科考。当地人会既好奇又亲切地跟我打招呼。孩子们三五成群，跟在我的车后面跑，等我停下来就帮我拎包、扛标本夹、主动问我到哪儿去，需要什么标本，然后帮我采集。"

20 多年过去了，如今已是中科院武汉植物园副主任、中非联合研究中心主任的王青锋，对本报记者谈起那段往事时仍很怀念。在乍得的经历不仅让他对非洲有了感情，更萌生了推动中非共同开展科研的想法。他认为，一方面，在宏观生物学领域，出于科学发展需要，中国有必要而且也有条件走出国门，开拓研究视野；另一方面，非洲国家虽有生物多样性保护方面的研究需求，但大多面临技术落后、人才缺乏的问题，一时难以独立开展研究。因此，合作对双方都有必要。

1999 年，肯尼亚学生罗伯特·吉图鲁来到武汉大学师从王青锋攻读植物学博士学位。本来有机会去欧美国家学习的他认为，中国作为发展中国家，有更多的发展经验可以与肯尼亚共享。2002 年，吉图鲁毕业后成为乔莫·肯雅塔农业科技大学植物学系的一名教师。从此，在王青锋和吉图鲁的共同推动下，中肯两国科研人员在生物多样性等领域的研究合作不断加强。2013 年 5 月，中非联合研究中心正式成立，吉图鲁成为研究中心的非方主任。2016 年，在乔莫·肯雅塔农业科技大学原来的一片荒地上，中国援建的中非联合研究中心主体建筑竣工并投入使用。

中非联合研究中心开创了我国对非援助和国际科技合作的新模式。中科院国际合作局副局长李寅对本报记者说："中国在增加对非援助的同时，强化'授人以鱼，更授人以渔'的理念，将'输血'和'造血'相结合，把帮助非洲国家自主发展作为中国对非援助的新形式，帮助非洲开展科技能力建设，增强科技自主创新能力。"

> 中国科学院中非联合研究中心的中肯两国专家在分析遥感卫星地图。吕强　摄

该中心成立 5 年来，中非双方合作实施了 45 个合作科研项目，联合出版学术著作 6 部，合作发表研究论文 160 余篇。该中心已成为中非在科研领域开展合作和人才培养的重要平台，而这与中非科学家对科技合作新模式的努力开拓、辛勤探索是分不开的。据中心副主任严雪介绍，除非方科研人员外，中科院 17 个研究机构每年派 50 多名科学家千里迢迢来到非洲进行合作研究，中方派驻肯尼亚的科研管理团队也为研究中心的运营作出了重要贡献。

播撒合作共赢种子的友好使者

肯尼亚籍学生皮特·莫颂果是中科院遗传与发育生物学研究所农业资源研究中心的一名硕士在读生，本报记者见到他时，他正在中非联合研究中心同中国导师一起进行农作物研究。莫颂果说："正是由于中国政府的帮助，我才有机会到中国攻读硕士学位。研究中心的设立为非洲科技发展创造了许多有利条件，很多有潜力的年轻非洲学者能借助这一平台，到中国科研机构学习、工作，并用他们所学造福非洲大陆。"

中非联合研究中心迄今已开展对非科技人才专业技术培训 16 次，为非方培训专业技术人员 180 余名，遍布非洲 10 多个国家。中国科学院大学奖学金计划和中国科学院—第三世界科学院院长奖学金计划等，已接收 122 名非洲留学生攻读硕士或博士学位。这些留学生毕业回国后，将加强非洲的科技能力建设，并进一步促进中非科研合作与交流。

吉图鲁在接受本报记者采访时说："中国政府无私援建中非联合研究中心，让中心成为播撒合作共赢种子的友好使者，并极大地提高了肯尼亚的科研水平。以此为重要平台，非中双方的科研合作成果将逐步惠及全社会。"

谈到与中国同事一起工作的感受，吉图鲁表示："在科研领域，我们从中国同事那里学到了知识，这是一种朋友与朋友之间的合作。知识不是'从上到下'的传输，而是平等交流、互相学习，我称之为'真正的合作'。中国不像西方那样以'捐赠者'的角色出现。研究中心合作的基础是友谊，这既是现在的故事，也是我与王青锋教授的故事。"

在促进非洲生态环境保护、推动非洲经济社会可持续发展的过程中，中非联合研究中心传播了友谊，加深了中非双方的了解。"作为一种创新模式，中非联合研究中心体现了中国对非援助工作思路的转变，从传统的'硬件'建设转向了更具科技含量的技术、管理等'软件'援助。这种转变更符合当地政府和人民的需求，是民生工程，也必将进一步加深中国和非洲人民的相互了解和信任，促进中非友谊向深度发展。"王青锋说。

促进非洲科技创新的助力者

在中非联合研究中心采访期间，中心联合实验室中肯基础调研对接会正在举行。来自中国和肯尼亚的数十名科学家就最新研究方向、下一步合作研究重点等议题交换意见，还对联合实验室的可持续运行和管理模式进行了探讨。

截至目前，中科院已向中非联合研究中心 6 个专业实验室提供了价值 200余万美元的精密仪器设备。乔莫·肯雅塔农业科技大学微生物专家朱丽叶教授对本报记者说："研究中心的仪器设备不仅在我们大学是最先进的，在整个肯尼亚也首屈一指。"对于即将和中国科学家展开的合作，朱丽叶充满期待："在研究中心工作的中国科学家都是在微生物领域具有非常高水平的学者，这是一次宝贵的学习机会。肯尼亚与中国各具优势，通过合作研究能够发挥合力，产生'1+1>2'的效果，实现对非洲传染病的监测和控制，打造非洲流行病的预警信息平台。"

参加对接会的李寅对本报记者说，中非联合研究中心开启了"一带一路"建设的新维度。近年来，中科院不断探索以科技创新推动"一带一路"建设新模式，通过在"一带一路"沿线国家建设科教基地，促进了当地国民经济发展和重大民生问题改善，使科技创新成为实现民心相通、打造创新之路的重要途径。

目前，中非联合研究中心根据非洲资源的分布和地域特点，以肯尼亚、坦桑尼亚、埃塞俄比亚等技术需求强烈并与中国有着长期友好关系的国家为合作基点，有重点、分层次地建设了包括非洲生物多样性保护与利用分中心、非洲生态与环境研究分中心、非洲资源遥感联合研究分中心、非洲微生物及流行病控制研究分中心以及现代农业研究与示范分中心在内的 5 个分中心，60 多位中国科学家通过这些平台在非洲开展科学研究，为解决非洲国家经济社会发展所面临的粮食短缺、环境污染和传染病流行等重大现实问题作出了重要贡献，也大大提升了非洲国家在相关领域的科技水平和人才培养能力。

乔莫·肯雅塔农业科技大学农学系主任大卫·姆布鲁教授在接受本报记者采访时说："肯尼亚的部分地区由于气候干燥和环境恶化等原因，土壤沙化较为严重，农作物产量一直较低，现在我们正在通过和中非联合研究中心的合作解决土壤沙化问题，同时也正在将中国成熟、先进的农业技术带进肯尼亚，培育适合肯尼亚生长的高产作物，帮助解决非洲地区的粮食危机，促进当地社会经济发展。"

肯尼亚副总统威廉·鲁托在评价中非联合研究中心时说，技术创新有助于肯尼亚解决贫困等问题，对实现经济繁荣与人民幸福具有重要意义，中国的帮助将让肯尼亚在非洲科研与创新领域占据核心地位。

《 人民日报 》（ 2018 年 05 月 31 日 03 版）

国际回声

　　中国与非洲共同建设的中非联合研究中心在双方自然资源保护和现代农业技术领域的合作中发挥着重要作用。在中非联合研究中心这一平台上，中非学术界的合作交流也进一步加强了肯中双边关系，肯尼亚为本国的乔莫·肯雅塔农业技术大学能够参与管理中非联合研究中心这一研究和创新机构感到骄傲。

——时任肯尼亚教育部长阿明娜·穆罕默德

　　中非联合研究中心有助于推进非洲地区生物多样性调查评估、水资源与生态环境监测、地理遥感数据信息分析、病原微生物分布格局调查、高产优质农作物品种栽培示范等领域的科研和教育工作的开展。

——乔莫·肯雅塔农业技术大学前副校长梅布尔·埃姆布加

学习视频

抗击埃博拉，筑起中非友谊新丰碑

王欲然

学习金句

中国政府和人民在援非抗击埃博拉行动中率先行动，引领国际社会援非抗疫，诠释了中非患难与共的兄弟情谊。

——2015年12月4日，国家主席习近平出席中非合作论坛约翰内斯堡峰会开幕式并发表题为《开启中非合作共赢、共同发展的新时代》的致辞

埃博拉疫情肆虐西非，时间就是生命。关键时刻，中国想非洲国家所想，急非洲国家所急，防疫物资、粮食、资金、救护车、检测实验室、治疗中心等第一时间到位，传染病专家和医护人员迅速投入工作，实实在在的付出，赢得了非洲国家最真诚的感谢。

今年3月以来，埃博拉疫情在几内亚、塞拉利昂、利比里亚、尼日利亚、马里、塞内加尔等国陆续暴发。世界卫生组织将其定性为"国际突发公共卫生事件"。根据该组织12月5日公布的数据显示，全球共有17517例感染病例，死亡人数达6187人。

中国政府先后提供4轮总额约7.5亿元人民币的紧急援助，覆盖非洲13个国家以及联合国、世界卫生组织、非洲联盟等国际和地区组织；已经和即将派往疫区的专家、医护人员累计超过1000人次；已经使用8架次包机运输物资和人员。

首次动用包机运送防疫物资，首次向海外运送移动实验室，首次在海外建

设、运营传染病治疗中心，首次向海外成建制派遣传染病卫生防疫力量和军事医护人员……中国行动、中国速度、中国精神，成为中国政府"真、实、亲、诚"的对非工作方针的真实写照。

"我们就是一家人"

黄顺是中国人民解放军援塞拉利昂医疗队的一名护士长。她从事传染病防护工作已有 20 余年，参加过 2003 年抗击非典和 2008 年四川汶川地震抗震救灾工作。

距离弗里敦近 20 公里的塞拉利昂—中国友好医院埃博拉留观中心，是经半个多月紧张筹备、于 10 月初投入使用的，也是黄顺和其他 40 名队员工作的地方。黄顺和她的队友们平均每天都要接触约 30 名病人，其中近一半为埃博拉确诊病人。

9 岁的雅尤玛是黄顺护理的第一个病人。小姑娘有一双会说话的大眼睛，埃博拉夺走了与她相依为命的母亲，一个星期后，她自己也被确诊感染埃博拉病毒，发热、乏力、呕吐、腹泻，甚至开始出现牙龈出血等症状。联合国儿童基金会的数据显示，截至 10 月底，仅塞拉利昂就有 300 多名像雅尤玛一样的"埃博拉孤儿"。

黄顺初见雅尤玛时，小姑娘的病情已极为严重。"只要有一线希望，我们就要尽百分之百的努力！"来自中国的白衣天使们认真制定治疗方案，开始对雅尤玛隔离观察、重点监护，进行一系列有针对性的治疗。不久，黄顺在交接班时发现，雅尤玛意识开始清醒，主动向护士要吃的。她的体温逐渐恢复正常，腹泻和呕吐症状慢慢得到缓解。最后，她可以在护士的搀扶下活动了。为了激励雅尤玛更快恢复，医疗队里的护士们更是把巧克力、饼干、火腿肠等带到她的病房，护士长刘冰特意把出国前孩子送给自己的玩具熊放到了雅尤玛的床上。

在中国医护人员的精心医治、照顾下，雅尤玛以惊人的速度恢复着。但大家发现，雅尤玛的情绪却越来越低落，特别是在医院里认识的两个小伙伴陆续出院后，她时常坐在病房里默默哭泣。

> 2014 年 8 月 11 日，在几内亚科纳克里机场，工人正在卸载中国援助的医疗用品。影像中国供图

"我想回家……"

听了雅尤玛从心底说出的这四个字，护士黄加干把她拉到身边，轻声告诉她："我们就是一家人。"

"我首先是一名战士"

"在利比里亚，我首先是一名战士，然后才是传染病控制专家！"中国人民解放军援利比里亚医疗队先遣组组长刘丁告诉本报记者。

刘丁的父亲是一名"老非洲"，30 年前曾作为四川省援非医疗队队长到莫桑比克工作。如今，带着祖国的嘱托，刘丁子承父业，来到了埃博拉疫情肆虐的利比里亚，任务是协助做好中国援建利比里亚埃博拉治疗中心施工过程中的疾病防控，监督传染病控制流程设计施工。在这样一个物资匮乏的地方，想要在 1 个月内建造一座现代化医院，有多困难，他心里很清楚，也明白自己的担子有多重。

先遣组仅有 5 名队员。10 月 26 日，他们抵达利比里亚首都蒙罗维亚的第二天，来自祖国的援助物资就到了。近 80 吨重的援助物资需要立即卸货，尽管中国驻利比里亚使馆工作人员、中资企业员工以及聘用的当地工人，均投入了紧张的工作，但人手仍显不足。先遣组队员们毫不犹豫地加入到搬运队伍中。

高温酷热，劳动强度大，有的人甚至因体液严重丧失而十多个小时无法排尿。就是凭着强大的精神力量，先遣组队员和大家一起，先后顺利完成了 5 架次空运、共计 1231 件医疗物资和 434 件生活物资的卸货和入库工作，为大部队的到达和诊疗中心的建设打下良好基础。

当然，刘丁最重要的工作是负责诊疗中心感染控制的督查工作。为了医疗队员们今后的安全，他必须精心考虑每项工作流程，小到洗手液摆放位置，大到污水排放、医疗垃圾处理和医务人员的进出，每个环节都要反复推敲。有时还不得不反复前往其他诊疗中心借鉴经验。高强度的工作和巨大的心理压力，使他每天只能休息 3 至 4 小时。

从 10 月 26 日到 11 月 21 日，27 天，一座建筑面积 5700 平方米的现代化埃博拉治疗中心顺利建成。在这座烙印着"中国速度""中国质量"的诊疗中心背后，有许许多多像刘丁一样辛勤劳动的身影。

利比里亚《每日观察家报》记者哈蒙对本报记者说，区域内大部分治疗中心要耗时数个月才能完工，中国援建的治疗中心不到一个月就竣工，配套器材和设备布置妥当，令人印象深刻。这个治疗中心不仅能在抗击埃博拉方面贡献力量，还可以在今后发挥重大作用。

中国技术经验"非常有用"

中国援塞拉利昂防控埃博拉公共卫生培训项目，是中国向西非疫区国家提供的第四批援助的重要内容。培训队队长梁晓峰对记者表示，该项目计划在 4 个月内，为塞拉利昂培训近 4000 名社区管理人员和疫情防控人员。截至 12 月 1 日，已为当地培训医疗护理和社区防控骨干等 500 多人。

曹政是该项目的一名讲师。在项目启动仪式上，塞拉利昂卫生部主管医疗的负责人巴希连说了好几句"非常有用"，给曹政留下深刻印象。塞方如此高的期望值，让中国培训专家们感到了些许压力。毕竟这是中国第一次向国外派出大批公共卫生培训队伍，国内的经验能不能用得上，跨文化交流会不会遇到障碍，大家心里都没底。

两天下来，培训班的效果非常不错。参加培训的塞拉利昂学员大多是护理人员，在课堂上，没有人随意走动、接打电话，也没有人交头接耳，所有人都在认真记笔记、提问题。在培训课程中，有一部分内容是专门介绍中国防控传染病经验的。一开始，专家们还担心国情不同，塞方学员理解起来会有难度。但事实证明，这种担心是多余的，学员们对这部分内容反响最为积极。"真是太厉害了！""如果我们能试一试，也许效果会很不错。"学员赛弗拉对曹政说。

赛弗拉是弗里敦一家医院的助产士，她所承担的工作和国内的社区医生差不多，因此，她对埃博拉在社区的失控有直观的感受。"普通人对埃博拉了解得太少了。"她说，"没有人真正有意识地去预防埃博拉。"

"中国是塞拉利昂的好朋友、好伙伴，我们看重中国的技术和经验。"塞拉利昂总统府官员约瑟夫对本报记者说，"中国的支持增强了我们抗击疫情的能力。"

《人民日报》（2014 年 12 月 10 日第 23 版）

国际回声

中国是一个特殊的朋友，在很多方面给予我们巨大的支持。埃博拉疫情暴发后，中国政府向我们提供了源源不断的援助，包括食品、防护设备、医务人员、资金等。中国政府的每一次援助，都为提高塞拉利昂医疗卫生体系带来了巨大的帮助。

——塞拉利昂前总统科罗马

感谢在利比里亚面临灾难时，中国最先伸出援助之手。由中国援建的埃博拉治疗中心将是一个典范，治疗中心的建筑质量和未来所能提供的服务都是一流的，而这一切只有中国能做到。我们将永远感激中国。

——利比里亚前总统瑟利夫

打造红海之滨的"中埃合作之城"

周　辋　曲翔宇

学习金句

　　中方将从战略高度和长远角度看待和发展对埃关系，我愿同塞西总统携手努力，全面深化两国政治互信和战略合作，实现共同发展和进步，使中埃关系这一南南合作的典范进一步发挥引领和示范作用。

　　——2016年1月19日，在对埃及进行国事访问之际，国家主席习近平在埃及《金字塔报》发表题为《让中阿友谊如尼罗河水奔涌向前》的署名文章

　　中方始终支持埃及探索符合本国国情的发展道路，愿积极参与苏伊士运河走廊开发计划，持续推进苏伊士经贸合作区建设及产能、基础设施建设等领域合作。

　　——2019年4月25日，国家主席习近平会见埃及总统塞西

　　位于红海之滨、苏伊士运河之畔的中埃·泰达苏伊士经贸合作区（简称苏伊士经贸合作区）是中国与埃及两国在特区开发、产能合作、吸引外资等领域的重点合作项目。自成立以来，中国企业已在这里辛勤耕耘超过10年。曾经荒芜的沙漠如今是厂房林立、街道整洁的现代化产业新城，被中埃两国媒体称

为"中埃合作之城",为埃及带来巨大经济效益,成为"一带一路"倡议下中埃合作的标志性项目。

"这里建成了配套齐全、环境优美的工业区"

走在苏伊士经贸合作区的街道上,随处可见"合作共赢,见证发展"的中英文标语,这 8 个字道出了中国企业来到埃及投资创业的宗旨。"短短 10 年间,这里建成了配套齐全、环境优美的工业区,它成为埃及经济发展的支柱。"埃及苏伊士运河管理董事会前秘书长纳塞尔·福埃德认为,埃中合作是互利共赢的典范。

目前,园区已初步形成新型建材、石油装备、高低压设备、机械制造四大主导产业,其中相当一部分是埃及工业发展的龙头企业。这些企业为埃及带来巨大的经济效益的同时,也提升了埃及相关产业的技术水平。

中国巨石埃及玻璃纤维股份有限公司(巨石埃及)是最早入驻苏伊士经贸合作区的企业之一。现在,这里成为非洲唯一的玻璃纤维生产基地,填补了非洲大陆玻璃纤维制造业的空白,还带动了上下游产业共上亿埃镑(1 元人民币约合 2.6 埃镑)的贸易额。同时,作为出口导向型企业,巨石埃及出口量占总产量 90% 以上,2017 年为埃及实现出口创汇 1.8 亿美元。

去年下半年,巨石埃及年产 20 万吨玻璃纤维的生产基地建成投产,这让埃及一跃成为世界第三大玻璃纤维生产国。中国巨石股份有限公司总裁张毓强说,巨石埃及项目的加速推进得益于"一带一路"建设,这有力推动了中埃两国产业合作,让中国企业在埃及发展进入了"快车道"。

"从中国师傅那里学到的技能让我快速成长"

生产车间里,身着灰色制服的埃及工人正在机器前工作,要不是看到墙壁上贴着一些带有中文的提示语,来访者很难联想到这是一家中资企业——车间里几乎没有中国面孔。"整个公司只有 25 名员工来自中国,其余的 350 多名员工全都是从当地雇用的。"中国恒石埃及纤维织物股份有限公司(恒石埃

131

> 恒石埃及公司生产车间内，一名埃及工人正在教授新同事如何操作仪器。周輯　摄

及）副总经理王筛建对本报记者表示，从"中国师傅不在现场干不了"到"尝试让埃及工人自行管理生产"，为当地培养合格人才一直是该公司的努力方向。

瓦利德4年前从艾因夏姆斯大学毕业后便来到恒石埃及工作，表现优异的他如今已是车间主任了。回想起这几年的奋斗经历，他感慨道："在中国公司工作，我的生活得到了很大改善。这些年工资已经翻了好几倍。从中国师傅那里学到的技能让我快速成长，现在我也愿意把自己学到的知识和经验传授给更多埃及人。"

像瓦利德这样的本地中层管理者，恒石埃及一共有十几名，遍布生产、销售、采购、人事、财务等各个环节。"尽管中埃文化背景有所差异，处理问题的方式不尽相同，但我们希望同埃及朋友相互交流，为他们学习技术和管理方式提供最大限度的帮助。"

据了解，苏伊士经贸合作区直接为当地提供就业岗位3500余个，产业带动就业约3万人。园区各企业都非常重视人才属地化建设，为埃及员工提供系

> 巨石埃及公司生产车间内,埃及工人正在作业。周辄　摄

> 西电埃及的当地员工正在进行 500 千伏高压开关控制单元的装配工作

> 泰达合作区大门。周輖　摄

> 泰达合作区扩展区入口。周輖　摄

统性的教育培训、每年选派优秀员工到中国进修等已成为许多企业培养人才的"标配"。埃及苏伊士运河经济区前副主席马哈福兹·塔哈表示，中国企业用效率和质量赢得了管理局的高度认可，也带动了当地就业和人才培养，实实在在地为埃及人民带来了福祉。

"这是建设 21 世纪海上丝绸之路的重要实践"

随着"一带一路"倡议和"苏伊士运河走廊开发"发展战略的对接，中埃协同发展的路径不断拓宽，充满活力的苏伊士经贸合作区也成为推动中埃产能合作迈上新台阶的重要平台。

截至目前，在 1.34 平方公里起步区和 6 平方公里的扩展区内，苏伊士经贸合作区共吸引企业近 80 家，实际投资额超 10 亿美元，销售额超 10 亿美元，上缴税收累计 10 亿埃镑。

负责合作区总体运营的中非泰达投资股份有限公司董事长刘爱民表示，目前，苏伊士经贸合作区二期已完成 2 平方公里的基础设施建设。投资 3000 万美元的中国大运集团摩托车项目一期厂房建设正在如火如荼进行中，预计今年 6 月将正式运营投产。投资约 3400 万美元的汽车城项目也已完成项目规划。

苏伊士经贸合作区与周边一系列重大工程互为配套，带动了埃及苏伊士运河走廊经济带的整体发展。苏伊士经贸合作区旁的艾因苏赫纳港距苏伊士运河南入口约 40 公里，是尼罗河和红海航运重要的中转站。2018 年 3 月，中国港湾中标该港第二集装箱码头项目，成为中国公司参与埃及海港建设的重大突破。据介绍，艾因苏赫纳第二集装箱码头岸线长 1350 米，建成后水深将达 17 米，最大可停靠 20 万吨货船。

"这是建设 21 世纪海上丝绸之路的重要实践。"塔哈表示，"一带一路"倡议将埃中两国人民和两国经济、文化紧密地联结在一起，苏伊士经贸合作区的建设促进了埃及基础设施的发展，成为埃中两国经贸合作的示范性平台，"我们乐见两国企业在'一带一路'框架下开展更多的合作"。

《人民日报》（2019 年 02 月 19 日 03 版）

国际回声

中国在苏伊士经贸合作区注入的资金和技术，提升了埃及制造业的竞争力，为埃及经济加强造血机能。

——埃及企业家协会经济合作与发展委员会主席哈马德·穆尼尔

合作区一直在苏伊士运河经济区建设、开拓中发挥着引领作用，并与周边一系列重大工程互为配套，为苏伊士运河走廊经济带整体发展作出重要贡献。中国企业在其中起到重要作用。

——埃及苏伊士运河经济区主席扎基

匈塞铁路，中欧共建"一带一路"的旗舰

任　彦

"新匈塞铁路开通后，从贝尔格莱德开往布达佩斯的国际列车运行时间将从现在的8小时缩短至3小时以内。"塞尔维亚铁路公司负责人杜桑·加里博维克说。

从塞尔维亚首都贝尔格莱德到匈牙利首都布达佩斯，一条老旧铁路线正经历彻底翻新改造，改造完成后，它将重新焕发生机，将匈塞两国人民更紧密地联结在一起，并促进欧洲的经济振兴和一体化进程。

> 2022 年 3 月 2 日，列车驶进诺维萨德车站，塞尔维亚第一大城市贝尔格莱德与第二大城市诺维萨德之间首次实现了高铁列车直通。 颜炳仁 摄，匈塞铁路塞尔维亚段联营体项目部供图

推动两国经济驶入发展快车道

"这里将是新匈塞铁路的起点，"贝尔格莱德新火车站正在紧张施工，加里博维克在站台上望着延伸出去的铁轨对本报记者说，"新匈塞铁路将造福于塞尔维亚和匈牙利人民，推动塞尔维亚和匈牙利经济驶入发展快车道。"

匈塞铁路是连接布达佩斯和贝尔格莱德的一条国际铁路线，全长 350 公里，其中匈牙利境内 166 公里，塞尔维亚境内 184 公里。该铁路始建于 19 世纪末，绝大部分路段是单线，屡遭战乱破坏，加上年久失修，设备严重老化，其面貌和二战前差不了太多，平均时速只有 35 ~ 40 公里。

"老掉牙的匈塞铁路严重制约了塞尔维亚和匈牙利的经济发展，也严重影响到整个中东欧地区的经济发展。"塞尔维亚贝尔格莱德平等世界论坛主席日瓦丁·约万诺维奇对本报记者说，改造升级匈塞铁路早已是匈塞两国人民的共同梦想，但由于缺乏资金，该项目迟迟不能启动。据匈牙利媒体报道，为改变匈塞铁路的落后面貌，匈牙利政府曾向欧盟申请资助，但遭到拒绝。

2013 年 11 月，在第二次中国—中东欧国家领导人会议上，中国、匈牙利和塞尔维亚三国宣布合作改造升级匈塞铁路，以改善中东欧国家的基础设施，促进中国与中东欧国家的经济合作。2014 年 12 月，中匈塞三国正式签署合作建设匈塞铁路谅解备忘录。2015年6月，中匈两国签署关于共同推进"一带一路"建设的谅解备忘录，正式将匈塞铁路建设纳入"一带一路"框架之中。

打造中欧贸易的国际大通道

"中国国家主席习近平于2013年提出的'一带一路'倡议是宏大的战略构想，是沿线各国经济发展的重要机遇。"约万诺维奇说，塞尔维亚和匈牙利及时抓住这个宝贵的发展机遇，快速响应并积极参与到"一带一路"建设中。"匈塞铁路是塞尔维亚、匈牙利与中国共建'一带一路'的旗舰项目，对于更多欧洲国家积极参与到'一带一路'建设中来具有引

> 工程建设纪实－贝尔格莱德中心站－泽蒙站施工现场进行拨旧钢轨作业。匈塞铁路塞尔维亚段联营体项目部供图

> 工程建设纪实－风雪中坚守拆除旧钢轨、枕木作业。匈塞铁路塞尔维亚段联营体项目部供图

> 工程建设纪实－接触网轨道车在施工。匈塞铁路塞尔维亚段联营体项目部供图

领和示范效应。"

"匈塞铁路改造升级后将不仅方便匈塞两国人民的出行，对于整个中东欧经济发展也会有巨大拉动作用。"塞尔维亚国际关系与可持续发展研究中心资深研究员塔姆杰·克里耶维奇在接受本报记者采访时表示。据悉，匈塞铁路改造升级项目建设工期为两年，预计 2018 年完成。该项目为电气化客货混线快速铁路，既有单线铁路的增建二线工程，也包括部分区段新建双线工程，设计最高时速 200 公里，由中国铁路总公司牵头组成的中国企业联合体承建。

2015 年 12 月 23 日，匈塞铁路项目塞尔维亚段在塞第二大城市诺维萨德举行启动仪式。塞尔维亚总理武契奇出席启动仪式并致辞。他说，匈塞铁路项目的启动，是塞中务实合作的又一个重大突破，也是两国战略伙伴关系水平进一步提升的充分体现，对"16+1 合作"深入发展具有重要意义。

匈牙利外交与对外经济部中国司司长梅萨洛什·马尔塔在接受本报记者采访时表示，匈塞铁路项目是"一带一路"合作共赢的典范，不仅中国、匈牙利和塞尔维亚等直接参与方可以从中受益，而且中东欧乃至整个欧洲都可以共享

> 中国铁路团队建设改造完成的匈塞铁路新贝尔格莱德站夜景。郭栋　摄，匈塞铁路塞尔维亚段联营体项目部供图

这条连接中国与欧洲的经济走廊带来的好处。匈塞铁路项目的意义不仅仅是三个国家合作完成一条铁路的现代化改造，更在于打造一条中欧贸易的国际大通道，带动沿线国家共同发展。中欧虽然远隔千山万水，但"一带一路"倡议正在将二者日益紧密地连接在一起。

"中国有句话叫'要想富，先修路'，基础设施对一个国家的经济发展具有重要意义。"塞尔维亚贝尔格莱德商会国际经济关系中心主任桑嘉·瓦西奇女士对本报记者说，中东欧国家在经济上落后于西欧国家，渴望在中国的帮助下提升自己的基础设施水平，缩小与西欧国家的经济差距。"中东欧地区基础设施改善有利于欧洲互联互通，对于欧洲一体化也有积极推动意义。"

《人民日报》（2016 年 11 月 06 日 02 版）

国际回声

匈中政治关系很好，两国合作富有成果，堪称匈对外关系的成功故事。匈方愿积极推进匈塞铁路等重大项目建设，提升双边经贸水平，加强金融、教育、旅游等合作。欢迎中方企业到匈投资。匈方将持续推动中东欧国家同中国的合作取得更多成果。

——匈牙利总理欧尔班

塞尔维亚百年老厂重现活力

张光政

学习金句

今天，中塞企业携手合作，开启了两国产能合作的新篇章。这既是对两国传统友谊的延续，也体现了双方深化改革、实现互利共赢的发展决心。中国企业一定会与塞方同行精诚合作。我相信，在双方密切合作下，斯梅代雷沃钢厂必将重现活力，为增加当地就业、提高人民生活水平、促进塞尔维亚经济发展发挥积极作用。

——2016年6月19日，国家主席习近平参观河钢集团塞尔维亚斯梅代雷沃钢厂

从塞尔维亚首都贝尔格莱德出发，乘车数小时来到古城斯梅代雷沃，远方矗立的斯梅代雷沃钢厂锅炉、冷却塔映入眼帘。记者走进河钢集团塞尔维亚斯梅代雷沃钢厂时，热轧车间里，机器轰鸣，钢花飞溅。中控室内，几位值班人员正紧盯着监控屏幕，密切观察各车间生产状况……

"中国的合作伙伴给我们带来了真正的希望"

成立于1913年的斯梅代雷沃钢厂是当地知名的百年老厂，曾被称为"塞尔维亚的骄傲"。但由于国际市场竞争激烈以及管理不善等原因，该厂一度陷入困境，濒临倒闭。

> 河钢集团塞尔维亚斯梅代雷沃钢厂内景。张光政 摄

"我们钢厂状态最差的时候，大家都不知道第二天会不会有工作。就在大家不知道该怎么办的时候，中国企业来了。"大学时主修经济、如今在钢铁厂负责安全和消防工作的弗拉迪米尔·伊利奇回忆说。

2016年4月，中国河钢集团以4600万欧元收购钢铁厂，并成立河钢塞尔维亚有限公司（河钢塞钢），钢铁厂5000多名面临失业的员工迎来曙光，重返车间。时任塞尔维亚总理武契奇说："我们为此熬了无数昼夜，全体内阁成员付出许多辛劳。过去3年，一个个希望变成失望，最后，中国的合作伙伴给我们带来了真正的希望。"

收购后，河钢集团选派技术骨干从中国赶赴斯梅代雷沃，对钢铁厂进行设备维修及系统改造。同时，塞方经营管理团队和生产技术骨干也被邀请到河钢交流培训。河钢塞钢执行董事宋嗣海向本报记者介绍，河钢塞钢在运营的过程中，依托整个团队力量，充分调动当地员工的主动性和能动性。在管理团队中，常驻的中方人员只有9人，赋予钢铁厂极大自主权。在生产部门中，大多数工人是当地人。公司还沿用了被收购之前已形成的较为完善的管理流程，将中方的先进管理经验嵌入其中，并实行奖惩制度，提高工资并发放奖金。

仅仅数月，河钢塞钢就启动了第二台高炉，将每月钢产量从原来的 6 万 ~ 7 万吨提高到 12.9 万吨，实现了扭亏为盈。从那以后，12.9 万吨的月产量一直保持到现在。

中国国家主席习近平在 2016 年 6 月参观河钢塞钢时表示，我相信，在双方密切合作下，斯梅代雷沃钢厂必将重现活力，为增加当地就业、提高人民生活水平、促进塞尔维亚经济发展发挥积极作用。

如今，在中塞双方员工的团结努力之下，河钢塞钢不负众望，成为中国—中东欧国家产能合作和共建"一带一路"的样板工程。

"塞尔维亚永远也不会忘记中国和中国人民的帮助"

斯梅代雷沃钢厂的员工和家属加起来有 2 万多人，相当于这个城市人口的 1/5。河钢集团的收购，不仅让斯梅代雷沃钢厂恢复了活力，还带动了整座城市的发展。得益于钢铁厂的重生，斯梅代雷沃市每年的财政收入是原来的两倍多。当地人谈起中国和中国企业，无不竖起大拇指。

斯内扎娜·德韦切尔斯基今年 54 岁，是钢铁厂采购部的一名电气采购员。她一家三代先后在这里工作，可以说亲身经历了钢铁厂的起起伏伏，也亲眼见证了钢铁厂在中国企业的帮助下绝处逢生。德韦切尔斯基在工厂的内部刊物中写下了这样一段话：我的祖父、父母和兄弟都在工厂工作，现在的工作令人开心满足，这里让我有一种安全感和归属感，我将倍加努力工作。

斯梅代雷沃市长亚斯娜·阿夫拉莫维奇在接受本报记者采访时说，河钢集团收购斯梅代雷沃钢厂是塞中两国政府高水平合作的结果，对斯梅代雷沃市的发展产生了巨大的积极影响，该市失业率由 18% 降到了 6%。得益于中国的投资，当地的教育、医疗卫生、交通运输及其他生活条件得到了明显的改善，河钢塞钢的员工们对未来充满了信心。这位 60 岁的女市长骄傲地告诉记者："现在，斯梅代雷沃市的新生儿出生率在塞尔维亚排名第一。"

伊万·马特科维奇是热轧车间副主任，管理着 80 人的团队。他表示对现有的管理模式非常满意，自己与中方管理层的沟通渠道非常畅通。

热轧车间的工人日沃拉德·拉夫科维奇是该厂的老员工，已经在这里工作了 39 年。他对本报记者表示，现在公司特别注重加强人员管理、更新设备、提高生产率。"现在工作稳定，感受和以前完全不一样。"4 年前，他把一个在加油站工作的儿子也介绍到钢厂工作。他说："以前儿子靠我们做父母的帮衬，现在他完全自食其力了。"

在河钢塞钢工作的司机尼古拉什·科瓦切维奇邀请记者到他家做客。他说，自从到河钢塞钢工作以后，工资比之前增加了 30%。收入的增长，使他有能力对家里的老房子进行整修并且加盖了一层。

武契奇总统日前在接受中国媒体联合采访时表示："塞尔维亚永远也不会忘记中国和中国人民的帮助。塞尔维亚将尽自己所能继续做中国'一带一路'倡议的合作伙伴，并尽力完善双方在'一带一路'相关领域的合作。"

《人民日报》（2018 年 08 月 16 日 03 版）

国际回声

塞中拥有"钢铁般的友谊"，两国关系处于历史最好时期，斯梅代雷沃钢厂等大项目有力促进了塞尔维亚经济发展，使塞人民越来越深切感受到塞中合作带来的福祉。

——塞尔维亚总理布尔纳比奇

随着新技术的运用，斯梅代雷沃钢厂目前已成为欧洲具备强竞争力和高认可度的公司，同时也是一个值得信赖和可敬的商业伙伴，我们为此感到幸运和骄傲。

——时任塞尔维亚斯梅代雷沃钢厂塞方高管董事会办公室负责人
杜达·兰科维奇

让穷乡变成"柬埔寨深圳"

王恬 焦翔 于景浩 张志文

学习金句

蓬勃发展的西哈努克港经济特区是中柬务实合作的样板。截至 2016 年 6 月，累计进入西哈努克港经济特区的企业达 100 家，投资额 2.8 亿美元，解决了超过 1.3 万柬埔寨民众就业问题。

——2016 年 10 月 12 日，在对柬埔寨王国进行国事访问前夕，国家主席习近平在柬埔寨《柬埔寨之光》报发表题为《做肝胆相照的好邻居、真朋友》的署名文章

10 年前，这里是一片丘陵莽原。丛林密布，沟壑纵横，高低起伏。

而今，这里是一片活力园区。厂房整饬，道路畅通，绿意葱茏。

从园区向西 8 公里，就是碧波荡漾的泰国湾。一艘艘货轮从西哈努克港缓缓驶出，承载着柬埔寨人民迫切发展的愿望融入经济全球化的大潮。西港是柬埔寨最大的港口，这也是中国企业选择在这里落户的重要原因。

2015 年 4 月，习近平主席在印度尼西亚雅加达会见柬埔寨首相洪森时提出，在"一带一路"框架内加强基础设施互联互通合作，运营好西哈努克港经济特区。次年 10 月，习近平对柬埔寨进行国事访问，赋予西港特区全新定位——"蓬勃发展的西哈努克港经济特区是中柬务实合作的样板"。

"把西港特区建成'柬埔寨的深圳'"，柬埔寨首相洪森多次回应习近平主席的倡议，表明对西港特区未来建设的期待。

作为"一带一路"重要节点上的经贸合作区，西港特区因其造福当地、合作共赢的显著特色成为"样板"。

"有困难，找特区！"中企的到来让西港彻底变了样

巴戎寺内，吴哥的微笑犹存，雕有彼时远赴柬埔寨的古代中国商人的壁画栩栩如生，海上丝绸之路的繁盛一幕跨越历史时空静静绽放。今天，因共建21世纪海上丝绸之路倡议的提出，柬埔寨这个重要的沿线国家再度成为中国商人踏足的热土。

"10年前刚到这里的时候，我的心情简直难以言表，那完全是不可操作的现场！"回顾园区初创情形，西港特区有限公司工程部经理蒋君至今仍感慨不已。为了测绘场地，蒋君和几位同事披荆斩棘，手上脚上全是血印，顶着工具包涉水而过，还曾遭遇蚂蟥。历经艰难，2009年第一幢厂房交付，2012年底园区初具规模，有了十七八幢厂房。

厂房的落成意味就业机会来临。"我们从附近招聘村民来工厂上班，发现他们的衣服几乎都有破洞，连女孩子也不例外，于是我们就自发地给工人们捐衣服。"蒋君说，当时村民们没有水泥房屋，没有电线，没有自来水，"唯一与工业文明有关系的是屋面上那层薄薄的铁皮。"

"2013年习近平主席提出'一带一路'倡议后，我们深受鼓舞，西港特区的发展也进入快车道，入园的企业数量开始明显增加。"西港特区有限公司总经理曹建江告诉记者。现在西港特区已具国际工业园区的规模，首期5平方公里区域内建有160幢厂房，引入109家纺织服装、箱包皮具等企业，其中94家为中资企业，1.6万人在园区工作。

西港特区所在的默德朗乡乡长恩萨隆对记者说："以前我们只能靠种地砍树过活，日子艰难，现在我们乡家家户户都有人在园区上班，每家都有摩托车，真是好太多啦！"说到高兴处，恩萨隆老人呵呵乐了起来。

走到园区周边村子的巷口，只见颜色各异的砖瓦楼房、琳琅满目的沿街商店，水泥马路上不时有村民们骑着摩托车从我们身边经过。一些孩子躺在路边的吊床上，手里拿着平板电脑，看孩子的大人坐在新盖的小楼前，向记者微笑

> 柬埔寨西哈努克港特区工业园。赵益普 摄

致意。因为中国企业的到来，小村彻底变了样。

"有困难，找特区！"这就是当地人眼中"特区"的意义。

默德朗乡小学校长盖乌蒂告诉记者，中国企业为学校援建了电教室，资助贫困学生，还对村民进行中文和技能的免费培训。"感谢中国！"盖乌蒂双手合十，这是柬埔寨人表达谢意最真诚的方式。

"接下来，我们要把习近平主席的激励转化为强大动力，紧紧抓住中国'一带一路'倡议与柬埔寨'四角战略'对接的战略机遇，把西港建成300家企业入驻、10万工人就业、配套功能齐全的宜居新城！"曹建江对此信心十足。

当前，西港特区的工业产值对西哈努克省的经济贡献率已超过 50%，西哈努克省省长润明将西港特区称作推动该省经济发展的"发动机"。从西港通往金边的四号公路上，车流如梭，记者几年前路经这里时车辆比现在少得多。奔忙的车流，是"一带一路"建设蓬勃兴起的缩影，也是柬埔寨和中国互利共赢、携手并进的写照。

"'一带一路'，是为了共同发展，是做实事"

柬谚云，"信任如树"。

西港特区等中柬合作项目之所以达到高水平、深层次，源于两国历经岁月洗礼的传统友谊，源于两国领导人密切交往结下的深厚情谊。

回忆起习近平主席 2016 年访柬时的热烈场景，中国驻柬埔寨大使熊波记忆犹新："莫尼列太后特别派遣夏卡朋亲王和阿伦公主去机场迎接习近平主席，金边的大街上竖起习近平主席的巨幅画像，民众夹道欢迎，队伍一直绵延至很远，这样举国欢迎的热烈场面是从未有过的。"

在金边的采访中，"一带一路"是个不断被柬埔寨政府官员和学者提及的热词。

柬埔寨王家研究院院长克洛媞达已 76 岁高龄，曾在 2009 年接待过来访的时任中国国家副主席习近平。在她眼中，习近平主席提出的"一带一路"倡议"是为了共同发展，是共赢的倡议，是做实事。大家共建'一带一路'，世界肯定会和平发展"。

"'一带一路'就是关于联通，联通就会带来新的机遇。"柬埔寨发展理事会秘书长宋金达直截了当地说，"我喜欢'一带一路'是因为参与了'一带一路'的柬埔寨能够实现加速发展。"他以西港特区为例说，2013 年以前在西港很少看见中国人，自从"一带一路"倡议提出后，西港发生了很大变化，到处可见中国人，"中国企业家们看到了亚洲区域发展的大图景，纷纷走了出来"。

在"一带一路"框架下，中柬务实合作成果快速拓展：中国企业新建、改造公路 20 条，总里程达 2669 公里，占柬埔寨国道总里程的 35% 以上；新建特

> 柬埔寨西哈努克港特区工业园内，工人们正在工作。赵益普 摄

大型桥梁 8 座，大大改善了柬交通状况，便利民众出行和运输；建成 6 个水电站项目，实施 3 个输变电网项目，基本支撑了柬全国电力供应，为改善柬民众生活、推动经济发展作出重要贡献。

中柬交流合作，让西港特区"具备成功所需的一切要素"

行走在柬埔寨的乡村与城市，既能感受到相对滞后的基础设施所透露出的发展水平，也能感受到处处兴建的工地、繁忙的车流所迸射出的旺盛生机。

强烈的反差，让记者不禁想到，20 年前，这个国家还处于战争之中，1998 年才真正进入和平建设年代。历经几十年战乱，国家满目疮痍、百废待兴，也正因如此，柬埔寨人民有着最强烈的发展愿望。

记者看到，一座座摩天大楼在首都金边的天际线上拔地而起，几乎可以触摸到这座城市的快速成长。柬埔寨已成为亚洲最具发展活力和潜力的国家之一。不可否认的是，柬埔寨经济飞速发展的背后是中柬经济合作的持续深化和中柬发展经验的深度交流。

西港特区正是这样一个典型案例。特区的诞生，是两国政府顶层设计、部门对接、企业推进的共同成果，既融合了中国工业园区发展的成功经验，也创造了独具柬埔寨发展特色的开发模式。宋金达对记者说，在西港特区，专业、认真、勤勉的中国企业家们带来了很好的中国经验，西港特区是柬埔寨最有前景的特区，"具备成功所需的一切要素"。

在西港特区综合服务中心大厅内，记者看到柬埔寨政府在此设立了一站式服务中心，将发展理事会、海关总署、劳工部等政府机构的办公室开到了园区内，便利企业办理各种相关手续。发展理事会派驻代表南金塔向记者透露，洪森首相考察中国深圳后，指示要将中国的管理经验引入柬埔寨，这个中心正是在此背景下设立的。

4 月 11 日，洪森在《习近平谈治国理政》柬文版首发式上表示，该书收集了习近平对治国理政的重要见解，可以说是中国社会主义建设的精华所在。柬埔寨各级官员非常希望加强与中国在国家治理和发展经验方面的交流，他们认为中国的经验具有重要的参考价值，柬埔寨目前遇到的很多发展方面的问题可以从中国的经验中找到答案。

中国和柬埔寨是有着千年友好交往历史的好邻居，"一带一路"倡议让两国的合作与发展站上新起点。一箱箱标有"柬埔寨制造"的货品从西港特区发出，承载着柬中两国人民携手发展的愿望，沿着海上丝绸之路一直延伸到远方。正如洪森首相所言，习近平主席提出的"一带一路"倡议是一艘巨轮，将带着包括柬埔寨在内的沿线国家驶向共同繁荣和发展。

《人民日报》（2017 年 04 月 26 日 03 版）

国际回声

柬埔寨西哈努克港经济特区是"一带一路"框架下柬中开展务实合作的成功范例。实践充分证明,共建"一带一路"有助于促进世界经济高质量、包容性增长,为各国提供共同发展的平台,为保障全球产业链供应链安全稳定、加强基础设施互联互通、增进各国民心相通作出了重要贡献。

——柬埔寨人民党副主席、参议院主席赛冲

柬埔寨一直将中国视为经济建设的榜样。柬埔寨在同中国的合作中获益匪浅,从基础设施建设到国际贸易再到旅游业,共建"一带一路"为柬埔寨经济发展作出了重大贡献。西哈努克港经济特区和金边—西港高速公路就是典型例子。改善基础设施建设特别是提高交通运输能力,将帮助柬埔寨吸引外资、加强对外贸易。相信随着柬中自贸协定的生效,柬中共建"一带一路"合作也会加速,合作质量将更高。

——柬埔寨商业大臣潘索萨

蓬勃发展的西哈努克港经济特区、金边至西哈努克港高速公路、新的吴哥国际机场……这些都是"一带一路"建设沉甸甸的果实,不仅将改善柬埔寨的基础设施,也将促进柬埔寨的旅游、商业和农业的发展。"一带一路"和柬埔寨的"四角战略"有着共同的目标:提升基础设施建设水平,促进互联互通。柬埔寨未来的经济、社会发展将得益于"一带一路"倡议中的互联互通。

——柬埔寨首相洪森

学习视频

感谢中国带来现代化大型化肥厂

苑基荣　胡博峰

学习金句

中国企业为孟加拉国建设了最先进的现代化大型化肥厂——沙迦拉化肥厂，最大的国际会展中心——邦戈班杜国际会议中心，正在承建孟加拉国人民的"梦想之桥"——帕德玛大桥。在交通、电力、能源、通信等领域，都有中国企业同孟加拉国广大建设者一道同甘共苦、勤勉开拓的身影。

——2016年10月14日，在对孟加拉人民共和国进行国事访问之际，国家主席习近平在孟加拉国《每日星报》和《曙光报》发表题为《让中孟合作收获金色果实》的署名文章

12月是孟加拉国收获的季节。此时在农村地区，金黄的稻田一眼望不到边。在该国东北部锡来特大区逢春甘吉镇，当地农民佳尼特正在弯腰挥镰熟练地收割着稻谷。佳尼特一家9口，共有15亩土地。"之前亩产约320公斤，现在用了沙迦拉化肥后，亩产几乎翻番，达到约600公斤。"佳尼特给记者算了一笔账。

佳尼特口中的"沙迦拉化肥"在当地名气很大，不仅因为这家化肥厂就位于逢春甘吉镇，更因为这家本土化肥厂弥补了之前孟加拉国巨大的化肥缺口。沙迦拉化肥厂厂长摩尼鲁尔告诉记者，自2015年9月投料生产以来，化肥厂共生产尿素化肥约115万吨，显著降低了孟加拉国的化肥进口量，累计为孟加

> 孟加拉国沙迦拉化肥厂是中孟经贸合作的标志性项目之一：化肥厂全景。苑基荣　摄

拉国节省4亿多美元外汇。

　　沙迦拉化肥厂由中国成套设备进出口集团有限公司所属中成进出口股份有限公司（简称"中成公司"）承建，被视为中孟共建"一带一路"的标志性工程。

"产量增加了，农民的收入也增加了"

　　"沙迦拉化肥让稻秧长得高，稻穗更长。产量增加了，农民的收入也增加了，大家都喜欢。"佳尼特家稻米产量的增加，直接带动了收入的提高，家里去年建起了新房。

　　与佳尼特同村的拉鲁有着同样感受。拉鲁经营着一个12亩的小农场，里面有养鸡场、鱼塘、香蕉林、稻田和黄瓜地。由于是一年两季，这边的黄瓜地刚栽秧，另一边已经结出硕果，几名工人在田间耕作。拉鲁随手摘了几根黄瓜让记者品尝，口感鲜脆。拉鲁向记者介绍，农场原先只雇了两名工人，每年收

入约50万塔卡（1美元约合84塔卡）。自从用了沙迦拉化肥，农场雇用了20名工人还忙不过来，去年年收入达到100万塔卡。"沙迦拉化肥粒大，蔬菜和庄稼秧子长得高，果实长得大，产量高，收入自然就多。"拉鲁喜悦之情溢于言表。

化肥厂项目技术服务总监李光介绍，该化肥厂设计年产30万吨合成氨、52万吨大颗粒尿素。2017年6月23日，沙迦拉化肥厂年度产量达到39万吨，提前完成了业主孟加拉国化学工业公司下达的2016—2017年度生产目标。这是孟加拉国第一个在投产首年就达到生产目标的化肥厂。业主特地为中成公司颁发"达产纪念杯"，对中方人员为实现达产作出的努力表示感谢。2017年11月，沙迦拉化肥厂项目合成氨工程获得中国建设工程"鲁班奖"（境外工程）。

夜晚来到沙迦拉化肥厂，远远就看到厂区灯火通明，机器里喷出蒸气，两座高塔吐着火焰。走进厂区闻不到异味，也没有机器巨大的轰鸣声。全自动化的厂区很少见到人，只有装卸区排满了运载的汽车。

沙迦拉化肥厂尿素车间主任班尔吉告诉记者，沙迦拉化肥厂是一家"五无"工厂，即无灰尘、无噪音、无空气污染、无异味、无水源污染。厂区位于几个茶园中间，附近摩尼普尔茶园老板哈桑告诉记者，化肥厂距离茶园不足一公里，对茶园一点污染都没有，反而是茶园"近水楼台"，用了沙迦拉化肥后，茶叶产量大幅提升。

"中国公司改变了我的命运"

当地员工布鲁瓦勤奋敬业，从一名普通司机成长为安全主管的经历见证了他与中成公司在当地的共同成长。布鲁瓦不断向记者感慨："中国公司改变了我的命运。"

摩尼鲁尔对记者说，沙迦拉化肥厂建设高峰期雇用4000余名当地工人，现在提供了1300余个岗位，培养了一大批化工产业的熟练技术工人。他表示，该厂在孟加拉国首次采用了集散控制系统等技术。"化肥厂带动了当地经济发展，是让所有孟加拉人都受益的项目。感谢中国带来现代化大型化肥厂！"

据了解，中成公司已完成126名孟加拉国技术人员的海外培训，并在化肥厂现场培训了1286名技术人员。记者在厂区不时看到成群结队的大学生。沙迦拉化肥厂合成氨车间主任古帕尔说，有40多所孟加拉国高校把化肥厂作为教育培训基地。"能在这个工厂实习我感到幸运。作为一名工程专业的学生，我在这里学习了很多实际操作知识。"沙迦拉科学与技术大学大四学生撒卡尔说。

中国驻孟加拉国大使馆经济商务参赞李光军表示，沙迦拉化肥厂是中孟经贸合作的标志性项目之一。化肥厂建成后由中方企业继续提供运维指导技术服务，确保了项目的平稳运行。中方愿意继续同孟方加强合作，探索经贸合作新模式，推动中孟经贸合作在更高层次、更宽领域实现互利共赢。

《人民日报》（2018年12月16日03版）

国际回声

孟加拉国对于化肥需求量巨大，此前已有的 6 座化肥厂产能远远不能满足。沙迦拉化肥厂是孟加拉国最先进的现代化大型化肥厂，它的建成极大缓解了孟加拉国化肥市场的供需矛盾，同时还为当地创造了近 900 个工作岗位。

——沙迦拉项目孟加拉国总经理卡姆鲁扎曼

沙迦拉项目是众多孟中友好合作项目中的一个，该厂建成投产以来运行情况良好，并创造了广泛的社会经济效益，为孟加拉国相关行业的发展发挥了积极作用。

——孟加拉国工业部主管计划与发展事务联秘特拉夫达尔

学习视频

下篇

浩渺行无极
扬帆但信风

书写"非洲丝绸之路"新故事

李志伟　刘仲华　裴广江　王云松　吕　强

学习金句

"道路通，百业兴。"我们和相关国家一道共同加速推进雅万高铁、中老铁路、亚吉铁路、匈塞铁路等项目，建设瓜达尔港、比雷埃夫斯港等港口，规划实施一大批互联互通项目。

——2017年5月14日，国家主席习近平在北京出席"一带一路"国际合作高峰论坛开幕式，并发表题为《携手推进"一带一路"建设》的主旨演讲

"陆止于此，海始于斯。"当记者站在那噶德火车站眺望亚丁湾畔的吉布提港口时，不禁如此感叹。海上的货物从这座火车站出发，沿着长长的亚吉铁路，爬升到阿比西尼亚高原，运送到埃塞俄比亚首都亚的斯亚贝巴。"埃塞俄比亚制造"的商品又从这条铁路运至吉布提港，通过海运销往世界各地。

连接着亚的斯亚贝巴和吉布提的亚吉铁路，已成为海上丝绸之路与陆上丝绸之路的连接线。它如同一把钥匙开启了非洲之角的繁荣兴盛之门，讲述着丝绸之路的新故事。

埃塞俄比亚和吉布提经济发展的"生命线"

全长约750公里的亚吉铁路宛若一条长龙横贯阿比西尼亚高原，将国际航

> 亚吉铁路吉布提那嘎德火车站全景。吕强　摄

运主航道上的吉布提和拥有 1 亿人口并大力发展制造业的埃塞俄比亚紧紧连在了一起。本报记者日前全程体验了这条非洲最为现代的电气化铁路。

亚吉铁路由中国土木工程集团与中铁二局承建并运营，是非洲大陆第一条跨国和里程最长的电气化铁路，也是中国企业在非洲建设的第一条集技术标准、设备、融资、施工、监理、运营和管理于一体的全产业链"中国标准"电气化铁路。

正式投入商业运营 5 个多月以来，亚吉铁路累计运送旅客约 4.3 万人次，运输集装箱 1.3 万个标箱，客货运量呈现出逐月递增趋势。作为内陆国家，埃塞俄比亚 90% 的进出口货物都需要经过吉布提港，而进口的 75% 的货物流向首都地区。亚吉铁路已被誉为埃塞俄比亚和吉布提经济发展的"生命线"，这条铁路的全部运力发挥出来后，将极大带动两国发展。

吉布提铁路公司总经理马哈茂德·达巴尔向本报记者介绍，亚吉铁路年货运能力将达到 500 万吨。"亚吉铁路给我们带来了惊喜！很多吉布提居民还是第一次见到满载 100 个集装箱的列车驶过田野的景象。"他笑着说，现在亚吉铁路已成为吉布提的名片，许多非洲国家代表专程到此参观。

"亚吉铁路开通后，从吉布提至亚的斯亚贝巴的货运时间从 3 至 7 天缩减为十几个小时。运输时间短了，成本实现大幅降低。"埃塞俄比亚铁路公司总裁比哈努向本报记者表示，"希望亚吉铁路能帮助我们吸引更多的企业和投资。"

在非洲朋友眼中，"一带一路"倡议是连接亚非欧的宏伟蓝图，亚吉铁路扮演着连接海上丝绸之路和陆上丝绸之路的重要角色。"这将是丝绸之路在非洲的一个新开端，期待这条铁路延伸至非洲大陆西端的达喀尔，打通非洲大陆的东西通道。"达巴尔说，"'一带一路'将向非洲腹地延伸，这将成为'非洲的丝绸之路'。"

"中国是我们真正可靠的朋友"

非洲旷野如同一幅美丽的风景画不断展开，从列车车窗向外望去，草木丰茂。餐车里，乘客们一边欣赏美景，一边享用当地特色美食"英吉拉"。看到中国记者时，几位乘客热情地打招呼，邀请品尝"英吉拉"。

当地女大学生希博·奥马尔告诉记者，以前坐大巴需要花上整整一天时间才能从吉布提到德雷达瓦，现在只需要 5 个小时。如果边检速度更快些，时间就更短了。"你看这列车多新、多舒服！票价非常便宜，还是空调车。这一切都让人感到时代的进步。现在我想着把中文学好，希望有机会申请奖学金去中国读书。"希博说。

列车上的大部分工作人员是埃塞俄比亚人。经过几个月的培训学习，现在他们的业务已经非常熟练。25 岁的列车员利迪娅告诉记者："当我看到亚吉铁路招聘信息后，我就下决心一定要来这里工作。经过层层选拔，我终于实现了梦想。希望我的家人也能乘坐亚吉铁路列车，他们一定会为我感到自豪。"24 岁的列车员莫茜说："我在这里不断成长，要感谢我的中国师傅。她教会了我很多现代铁路管理经验，这是非常宝贵的。"

当利迪娅与莫茜看到她们的师傅、亚吉铁路车务段职教工程师李友瑛来到车厢时，立刻热情地张开双臂迎了上去。李友瑛告诉记者，她正在培训 30 名当地列车员，通过理论联系实际，手把手地向她们传授客运服务理念、基础工作内容和客运服务常识等。她们还分享各自国家的语言和文化。现在埃塞列车员都会说"'一带一路',加油"。

列车长肖湘来自四川。为了响应"一带一路"建设号召,他自愿报名前往埃塞俄比亚参与亚吉铁路的运营。记者看到,他在车站帮乘客搬运行李,协调车厢秩序,累得满头大汗。"来到非洲,我们代表的不仅仅是自己或公司,而是代表中国。能在中国修建的亚吉铁路上担任列车长,贡献自己的力量,我感到非常自豪。"他说。

从亚丁湾畔炎热的清晨出发,经过12个小时的行驶,列车在清凉的晚风中抵达了亚的斯亚贝巴。难忘旅途中留下的欢声笑语,当我们采访当地旅客时,总能够轻松打破语言障碍,迎来真挚的微笑。合影时他们总是热情地伸出大拇指为非中友谊点赞。正如吉布提总统盖莱所说:"中国是真正关心和支持吉布提发展的国家,中国是我们真正可靠的朋友。"

奋斗在"一带一路"建设热潮中

铁路修到哪里,哪里就会繁荣。我们在旅途中看到了很多在建的中非合作项目。列车驶出德雷达瓦车站时,我们看到不远处有一排排整齐的厂房、宽阔的道路、高大的路灯。中土集团埃塞俄比亚公司总经理李吾良告诉记者,这是中土在德雷达瓦建设的工业园。

"我们在修建亚吉铁路的过程中提出了'亚吉模式',即通过建设一条铁路,带动铁路沿线配套经济开发,包括建设工业园、发展农业和旅游业等。只有经济发展了,才能给铁路带来更多的运量。这一思路与埃塞的国家战略相契合。"李吾良介绍说,埃塞政府提出2025发展规划,要把埃塞发展成为非洲的制造业大国。埃塞计划建成2000万平方米的厂房,把200万农业劳动力转移到工业领域。为此,埃塞在全国规划了14个工业园,大部分位于亚吉铁路沿线。

亚吉铁路,让当地人民日益认识到"一带一路"建设的重要性。比哈努坚信,"一带一路"倡议将使发展中国家获益,但同时这种获益不是"被动接受"。各国应该更加积极地探索如何在"一带一路"建设中找到适合本国的角色,"受益多少取决于我们自己的努力和探索"。

> 亚吉铁路列车上的小乘客向记者展示车票。吕强　摄

　　"一带一路"也为中国企业和个人提供了广阔舞台，非常有助于提升中国企业国际化经营能力。"我在非洲工作了 20 多年。以前中国企业在非洲的业务规模很小。'一带一路'倡议提出后，我们明显感到中国企业在非洲的规模越来越大，非洲人民更加感受到中国参与非洲经济发展所带来的巨大好处。"李吾良介绍说，"受益于中非合作的成果，非洲民众这些年的生活水平确实得到了很大提高。这也是互利共赢的结果。"

　　中土集团吉布提公司副总经理耿道锦在工作中发现，当地人对"一带一路"建设抱有很高的期待，他们希望通过"一带一路"建设增进双方的经济、文化交流，提高当地的经济社会发展水平。"这是一个奋斗的时代。我们与当地劳动者一起努力，建成了亚吉铁路。在'一带一路'建设热潮中，我们拥有了更广阔的舞台。相信通过艰苦奋斗，中非人民的生活一定会更加幸福。"

《 人民日报 》（ 2018 年 06 月 19 日 03 版）

国际回声

亚吉铁路有利于促进地区互联互通和经济一体化，已成为非中合作的典范。

——吉布提总统盖莱

如今，不少共建"一带一路"项目在吉布提落地开花。非洲大陆最长的跨国电气化铁路——亚吉铁路便是重要硕果之一。该铁路不仅扩大了吉布提港的辐射范围，改善了当地基础设施环境，还带来一大批先进科技和管理理念。这对欠发达的吉布提来说非常重要。因为知识共享、技术共享、理念共享，是真正的"授人以渔"，能让吉布提民众掌握技能、加快独立自主发展，实现可持续发展。

——吉布提外交与国际合作部长优素福

"世纪铁路"，对未来繁荣的承诺

刘仲华　王云松　裴广江　李志伟　吕　强

学习金句

　　要以蒙内铁路建设为牵引，推进建设路港一体化的产业经济走廊，共同打造蒙内铁路、蒙巴萨港、蒙巴萨经济特区三位一体合作新格局。

　　——2017年5月15日，国家主席习近平会见肯尼亚总统肯雅塔

　　驾车从肯尼亚首都内罗毕市中心沿主干道蒙巴萨路向东南行驶十几公里，一座崭新的银灰色火车站映入眼帘。这便是由中国企业承建和运营的蒙内铁路上的明珠——内罗毕南站。这座现代化车站设计前卫，充满动感。肯尼亚总统肯雅塔说："它的美在于其对未来肯尼亚繁荣的承诺。"

　　2017年5月31日开通的蒙内铁路，是落实习近平主席提出的"一带一路"倡议和中非合作论坛约翰内斯堡峰会"十大合作计划"的重要早期收获。它连接着内罗毕和东非最重要的港口蒙巴萨，是中非"三网一化"和产能合作的标志性工程，被称为肯尼亚的"世纪铁路"。

　　在蒙内铁路开通一周年之际，本报记者来到内罗毕南站，乘坐列车前往蒙巴萨，感受蒙内铁路开通一周年以来，为这个国家和人民带来的巨大改变。

"总统称赞我们是'国家骄傲'"

二楼候车大厅宽敞整洁，设施完备，毫不亚于国际一流的空港候机楼。阳光透过落地玻璃窗洒在长椅上候车的旅客身上，巨大的液晶显示屏提醒着旅客车次和时刻，其正下方则是一排崭新的智能检票闸机。身穿制服的乘务人员在紧张有序地忙碌着。

蒙内铁路是肯尼亚独立以来最大的基础设施建设项目。建设时期有 4 万多肯尼亚人在蒙内铁路项目工作，当地员工占比超过 90%。目前，有超过 1500 名当地人参与蒙内铁路的运营。因为蒙内铁路，他们不仅找到了好工作，而且过上了更好的生活。

身着红色制服的 22 岁女乘务员苏丽·姆瓦卡，长相甜美，热情干练。"成为蒙内铁路的一分子是我的梦想。工作一年来，我的人生轨迹改变了。"姆瓦卡家在蒙巴萨，家里有 5 个兄弟姐妹，最小的妹妹还在上学，"现在我的收入是过去的 3 倍，家里的居住条件改善了很多，前不久我们新租了一间更大的房子，我想很快我们家就能住上自己的新房子。蒙内铁路还让我有机会前往中国学习，这让我大开眼界。中国人专业、高效、准时的精神也影响着我。感谢中国！"

经过严格的层层选拔，爱丽丝成为肯尼亚历史上首批女火车司机之一，去年 1 月至 3 月到中国宝鸡接受了火车驾驶培训。起初，连父亲都不相信身材瘦小的她能开火车，直到看了她驾驶火车的视频才相信这是事实。爱丽丝告诉记者："在肯尼亚历史上，还没有女火车司机。蒙内铁路通车那天，肯雅塔总统称赞我们是'国家骄傲'。感谢中国，感谢蒙内铁路，让我们成为肯尼亚历史的书写者。"

一身蓝色制服的列车长哈里森·基曼高大帅气。他曾在山东师范大学学习中文，回到肯尼亚后参加蒙内铁路公司的培训，成了一名列车长，现在管理着6 个班组。"最大的变化是在管理水平上。蒙内铁路是百年来肯尼亚建设的第一条铁路，肯尼亚本国的管理人员相当短缺。来自中国的师傅们手把手教我们管理知识，让我们对车辆管理、线路运行、服务细节等有了更系统和深刻的认识，我自己的管理水平也有了很大提升。"

> 在蒙内铁路内罗毕南站，身着中式铁路制服的肯尼亚乘务人员对着镜头展现出自信的笑容。　吕强　摄

"这一切完全超乎我的想象"

下午两点，在东风型内燃机车牵引下，这列由中国中车制造的火车准时驶出内罗毕南站，向肯尼亚第二大城市蒙巴萨驶去。蒙内铁路是集设计、施工监理、融资、装备采购和运营管理为一体的"中国标准"全产业链项目。2017年5月，中国路桥与肯方签署10年运营及维护合同，把中国铁路的管理经验引入非洲。

记者所在的车厢基本满员。有的乘客在看书，有的跟同伴聊着天，有的在静静欣赏着东非高原郁郁葱葱的景致。行驶中的火车平稳安静，邻座有位不满周岁的小宝宝从上车开始就在妈妈的怀抱里酣睡。列车员介绍，蒙内铁路通车初期没有那么多乘客，但如今几乎总是满员，高峰时段甚至一票难求。

31岁的迈克尔·穆特吉是政府工作人员，这是他第一次乘火车出行。"蒙内铁路不仅准时而且高效，同公路交通相比更加安全，乘客还可以欣赏沿途国家公园的美景，这一切完全超乎我的想象，圆了我长久以来的火车梦。"他拿着自己的华为手机给记者看，"我们非常享受与中国的合作。我用着华为手机，坐着中国制造的列车。中国产品高标准、高质量，当人们看到蒙内铁路，就知道这是中国品牌。"

在信息技术公司工作的特里梅尼惬意地靠在红色的椅背上对记者说："由于工作原因，我每月往返一次内罗毕和蒙巴萨。之前我主要乘飞机，也曾自驾，但都不太方便。现在不一样了，旅行成了一种享受。蒙内铁路列车的座椅空间很大，列车行驶非常平稳，你看，在旅途中我还能用笔记本电脑处理不少工作上的事情呢！"

蒙巴萨的建筑商人姆旺戈拉对本报记者说，由中企运营对蒙内铁路长远发展很重要，因为中国拥有发达的铁路网络以及成熟的铁路运营经验。他强调："从商人的角度看，蒙内铁路是东非铁路网的第一步，未来当铁路延伸到乌干达甚至布隆迪，将整个东非连接起来，货物运输成本将显著降低，这对于整个东非一体化进程将有标志性意义。这是东非互联互通的第一步，我相信有了铁路，未来会更好，东非的经商环境会更好，我的生意也会越做越大。"

"铁路开通激活了发展动力"

列车在东非高原温煦的阳光下穿过原野村庄。经过沿途新建的车站时，基曼说："铁路开通激活了发展动力，许多商人聚集于此，未来这些车站会成为当地新的商业中心。"

一列火车从旁边交会而过。基曼告诉记者，那是从蒙巴萨港开往内罗毕的货车。目前蒙内铁路每天开行 4 趟货运列车，铁路局计划到 2018 年底将这一数字提高到 12。

作为东非第一大港，蒙巴萨港是连接东非地区和印度洋的重要交通枢纽。2016 年该港吞吐量达 2736 万吨。蒙内铁路开通前，港口货物主要靠公路等运输。由于运力有限，货物压港现象不时发生。

道路通，百业兴。中国交建肯尼亚标轨铁路项目执行总经理任文峰告诉本报记者："蒙内铁路通车后，货物运输时间从原来 10 多个小时缩短至 4 个多小时，物流成本降低 40% 以上。铁路建设拉动了肯尼亚国内生产总值 1.5% 甚至 2% 的增长，更为关键的是，通过铁路形成了包括港口在内的全产业链发展。"

肯雅塔总统在国情咨文中说："在不到一年的时间里，大约有 70 万人次乘坐蒙内铁路的列车。蒙内铁路货运服务也得到大幅提升，起初每月可运送 22345 吨货物，现在每月可运送 213559 吨。"他盛赞蒙内铁路项目是"肯尼亚有史以来最具雄心壮志的基础设施项目"。

肯尼亚铁路局局长马伊纳在接受本报记者采访时说，蒙内铁路等新完成的人项目让肯尼亚经济实现了超预期的快速增长。"毫无疑问，蒙内铁路和沿线的经济走廊，正为肯尼亚经济腾飞注入燃料。外国投资涌入，激活了肯尼亚的经济潜力。商人们在铁路沿线设厂，更便捷地将产品运输到肯尼亚大中城市和周边国家，还可以通过蒙巴萨港出口到世界各地。肯尼亚在中国的帮助下实现了基础设施的革命性变化"。

列车在暮色中抵达终点站蒙巴萨。印度洋潮湿的海风迎面吹来，旅客们精神一振，有些人兴致勃勃地掏出手机跟列车玩起了自拍。

蒙巴萨火车站的候车大厅里，有一座中国明代航海家郑和的半身塑像。

600多年前，郑和扬帆远航，先后 4 次抵达肯尼亚东海岸，播撒下友谊的种子。古丝绸之路"使者相望于道，商旅不绝于途"的情境，在今日蒙内铁路上有了崭新呈现，中非合作的春风不断送来经济繁荣的新希望。

《 人民日报 》（ 2018 年 05 月 30 日 03 版）

国际回声

肯尼亚有经济转型、实现工业化发展、成为中等收入国家等诸多目标，蒙内铁路是实现这些目标的一把关键钥匙，4500 万肯尼亚人民将携手开启新的征程，创造新的机遇、新的工作岗位，共享国家和地区发展的繁荣。

——肯尼亚总统肯雅塔

这不仅是一条铁路，更是一条充满希望的经济走廊。

——肯尼亚交通与基础设施部长詹姆斯·马查里亚

学习视频

这条铁路能让老挝走得更远

孙广勇

学习金句

中老铁路作为泛亚铁路网的重要组成部分，对老挝具有重大战略和现实意义。双方要加强统筹协调，争取早日建成通车，让老挝同周边国家乃至世界互联互通。

——2017年11月13日，在对老挝人民民主共和国进行国事访问之际，中共中央总书记、国家主席习近平在老挝《人民报》《巴特寮报》《万象时报》发表题为《携手打造中老具有战略意义的命运共同体》的署名文章

中老铁路是两国互利合作的旗舰项目。铁路一通，昆明到万象从此山不再高、路不再长。

——2021年12月3日，中共中央总书记、国家主席习近平同老挝人民革命党中央总书记、国家主席通伦通过视频连线共同出席中老铁路通车仪式

中老铁路于去年底正式全线开通运营，实现了从云南昆明到老挝首都万象朝发夕至。一个多月来，客货运输两旺，激活了沿线旅游和经济，改善了两国民众出行条件，加速形成中国与东盟间物流便捷新通道。

"目前，老挝政府围绕这条铁路正建设南北经济走廊和东西经济走廊，带领民众围绕铁路开展商品生产和运输。"老挝总理潘坎表示，老中铁路通车后，极大便利了老挝人民的出行和货物运输，给老挝带来的利益真实可见。

> 中老铁路列车。孙广勇　摄

"中老铁路为我们新增了一趟更安全、稳定、便捷的'直通车'"

中老铁路的开通运营，让老挝开启铁路运输新纪元，中国普洱、西双版纳也结束了不通铁路的历史。在万象工作的坎普以前从未坐过火车。中老铁路开通后，坎普迫不及待地带着父母和 3 个孩子登上列车，返回北部老家乌多姆赛。一路上，不断掠过的景致让孩子们兴奋不已，叽叽喳喳地说个不停。"以前我们回趟家费时费力，长途车颠簸不停。现在，火车既快又稳，真是一次难忘的旅行。"坎普说。

除了客运，中老铁路提供的高速便捷货物运输，还极大促进了老挝经贸发展。中老铁路在中国和东盟间构建起的这条物流通道，全程最快仅需 30 小时，运输时间和成本较公路大幅压缩。目前，中老铁路上的货物运输品类与日俱增，从初期的橡胶、化肥、百货正扩展到电子、光伏、通信、汽车、纺织、蔬菜、鲜花等产品。

亚钾国际老挝钾盐公司总经理佟永恒说："通过中老铁路运抵昆明的钾肥产品已经陆续投放市场。中老铁路为我们新增了一趟更安全、稳定、便捷的'直通车'。"

云南农垦集团云橡投资有限公司在老挝生产加工的橡胶也搭上了中老铁路的货运列车。公司生产经营管理部副经理相·万通表示，公司产品运往中国销售，市场形势不错。中老铁路有助于降低运输成本，公司正筹划扩大和重组经营布局。

老挝驻昆明总领事玛尼拉·宋班迪表示，老中铁路的开通运行，将助力老中经济走廊建设，推动老挝经济社会发展不断迈上新台阶，促进两国民众之间的往来。铁路的畅通将不断促进双方各领域的合作和优势互补，激发更多产业合作的潜能，培育新的贸易增长点。

老中铁路有限公司总经理袁明豪表示，这条铁路大大提高了老挝与中国间的大宗商品贸易效率，让两国双边经济贸易合作更加便利、高效。公司正在筹划开行"澜湄快线"跨国班列，以使铁路货运通道更加顺畅。

"这条铁路是承载着老中友谊的希望之路、梦想之路"

"叮当，叮当……"工具锤轻轻敲击车体，发出清脆悦耳的声音。在万象北郊的中老铁路铺轨基地，老挝姑娘希达·平蓬莎万顾不上擦去脸上的汗珠，正全神贯注跟着中国师傅学习火车检修。

"我叫希达，希望的'希'，到达的'达'。这条铁路是承载着老中友谊的希望之路、梦想之路。我的梦想是成为老挝第一代女火车司机。"希达十分自信地说。

希达来自北部城镇勐赛。2016 年，希达从勐赛坐了 16 个小时大巴到昆明，学习中文和电气自动化。2020 年 9 月完成在中国的学业后，希达进入中老铁路第一期机务培训班学习，离梦想越来越近。"老中铁路给了我一份稳定的工作，也将带动老挝全方位发展。这条铁路能让老挝走得更远。"希达说。

在中老铁路中国电建水电三局项目部的焊接车间里，焊花飞溅，耀眼的电弧画出美丽的曲线。一位皮肤黝黑的工人正专心致志地焊接配件。他就是被公司评为"铁路工匠"的老挝籍电焊工康鹏。"我以前在琅勃拉邦修理汽车，几年前来到中国电建水电三局的技能培训学校学习电焊。"在中国师傅指导下，康鹏进步很快，现在是工班长，带领着 10 名焊工。他们夫妻俩都在中老铁路项目上班，"如今家庭收入提高了几倍，4 个孩子再也不用担心学费了。"康鹏期待疫情过后，可以和家人一起坐火车去中国旅行，还想送孩子们到中国留学。

统计显示，中老铁路建设期间带动老挝当地 5000 余人参与建设、带动当地就业超过 11 万人次，也培养起一批老挝籍工程管理人才和技术工人，为老挝的社会及经济发展注入新活力。

如今，老中铁路有限公司还开设培训班，培训了约 600 名老挝籍学员，传授机车驾驶、调度和维修等技能。轨道交通运营管理专业学员蓬皮蒙说："老中铁路将帮助我实现自己的人生价值，我对老挝铁路事业和自己的未来充满信心。"

"推动老挝进入现代化运输时代，将为老挝插上腾飞的翅膀"

因为中老铁路，老挝这个东南亚唯一的内陆国，从"陆锁国"变成了"陆联国"。"便捷、高效、安全的铁路运输，改变了老挝人的出行方式。"坐在"澜沧号"动车上，老挝国会副主席宋玛感慨万千，"从无到有，老挝第一次拥有了现代化铁路，未来老中铁路会给老挝带来更多的发展机遇。"

中老铁路犹如一把"金钥匙"，在中南半岛腹地打通了辐射缅甸、泰国等国的大通道，域内各国的联结更加紧密，互联互通有了新起点。

世界银行的报告显示，中老铁路是中国—中南半岛经济走廊的重要组成部分，从长期看将使老挝的总收入提升 21%。报告说，中老铁路将使万象与昆明之间的运输成本下降 40% ~ 50%。泰国林查班港至昆明的运输成本有望下降至少 32%。预计到 2030 年，经中老铁路老挝段的年过境贸易货物量将达 390 万吨，其中包括从海运转向铁路的 150 万吨。

"老中铁路实现了老挝几代人的凤愿，推动老挝进入现代化运输时代，将为老挝插上腾飞的翅膀。"潘坎总理表示，当前，老挝正进行一系列改革以改善投资政策和营商环境，沿老中铁路建设新城，修建高速公路、机场、内河港口等国际物流设施，将提升老挝的基础设施水平，促进沿线地区互联互通。

刚刚生效的《区域全面经济伙伴关系协定》（RCEP）对促进区域内自由贸易意义重大，也将让中老铁路发挥更大作用。"老中铁路把老挝变成区域枢纽，成为老挝和区域互联互通的重要基础设施。除了创造工作岗位，在 RCEP 框架下，老中铁路将在促进贸易和投资方面发挥更重要作用。"老挝国家工商会副会长奔勒说。

（《人民日报》2022 年 01 月 22 日 03 版）

国际回声

感谢中国大力支持，老挝终于告别了没有火车的时代，拥有了现代化铁路。老中铁路是老挝"陆锁国"变"陆联国"战略深入对接"一带一路"倡议的纽带，是老挝现代化基础设施建设的一个重要里程碑，将极大促进老挝国家经济社会发展。

——老挝人民革命党中央总书记、国家主席通伦

中老铁路是推进两国全面战略合作伙伴关系以及构建老中命运共同体的具体实践。

——老挝总理潘坎

中老铁路将大幅削减运输成本，促进老挝的贸易和投资，吸引更多游客，整体上提升老挝经济水平。进口便利后，老挝物价和通货膨胀都会降低，更多外资流入老挝将改善外汇市场，通信、教育和卫生事业也会取得相应进步。

——老挝国家工商会执行副会长道旺·帕占塔冯

我们分外珍惜这份来自中国的礼物

胡泽曦　张朋辉　李志伟　刘玲玲

学习金句

中方援建的国家大剧院、黑人文明博物馆、竞技摔跤场等为传承和发扬塞内加尔文化传统作出了重要贡献。

——2018 年 7 月 20 日，在对塞内加尔共和国进行国事访问前夕，国家主席习近平在塞内加尔《太阳报》发表题为《中国和塞内加尔团结一致》的署名文章

摔跤运动是塞内加尔人民眼中的"国粹"，当地语言的"摔跤"一词蕴含着恪守内心、追求荣誉的深意。正因为塞内加尔全民酷爱摔跤，中国援建的国家竞技摔跤场即将交付，在这里成为人人关注的大事件。

7 月 20 日，习近平主席对塞内加尔进行国事访问前夕在当地媒体发表署名文章，称赞中方援建的竞技摔跤场等"为传承和发扬塞内加尔文化传统作出了重要贡献"。近日，本报记者来到这座可容纳两万名观众的现代化摔跤场采访。从当地官员、项目建设者到普通民众，每一位"摔跤场故事"讲述者的言语间都满含着对中国尊重非洲文明、支持非洲发展的感激。

"我们想当面跟习近平主席说'谢谢'"

皮金区距离塞内加尔首都达喀尔市中心大约有 10 公里，这里连片的工地、

> 为欢迎习近平主席访问塞内加尔，中国援建的塞内加尔国家竞技摔跤场飘起中塞两国国旗。李志伟 摄

繁忙的集市无不提醒人们塞内加尔的发展活力。坐落于此的国家竞技摔跤场成为整座城市的新地标。

建造一座专门的现代化摔跤场是塞内加尔人民许久以来的梦想，如今他们将迎来圆梦时刻。

2014 年 2 月，中国政府同塞内加尔政府签署换文确认援建竞技摔跤场。2015 年 12 月，湖南建工同塞方签署项目实施合同。经过仅仅两年多施工，一座占地 7 公顷、总建筑面积 1.8 万平方米的现代化竞技场就出现在人们眼前。

国家竞技摔跤场的建设从一开始就牵动着塞内加尔全国人民的视线。2016 年 4 月，塞内加尔总统萨勒率多名内阁部长出席项目奠基仪式。他在致辞中高度赞赏中国政府长期以来对塞提供的支持，尤其向习近平主席表达了诚挚谢意。当地最主要的报纸《太阳报》将摔跤场比作"达喀尔市一颗珍贵的宝石"，称它"将闪耀整个西非地区"。塞内加尔国家电视台不久前专门拍摄摔跤场宣传片，使当地民众对它产生了更多向往。

参与摔跤场建设让当地年轻人倍感自豪。据项目负责人介绍，塞内加尔缺技工，来到项目上的年轻人学了手艺，往往有其他工程以更高薪水为条件来挖人，但是多数年轻人却不愿走，因为他们不想错过项目完工这个梦想成真的时刻。阿玛杜就是这群年轻人中的一员。

"我们分外珍惜这份来自中国的礼物，它象征着我们之间的友谊。听说习

> 中企承建的塞内加尔国际机场—捷斯段高速公路桥梁工程施工现场。吕强　摄

近平主席要来塞内加尔，我们都高兴得不得了。如果有机会，我们想当面跟习近平主席说'谢谢'。"阿玛杜对本报记者说。他自己也是个摔跤迷，2016年初就来到了工程上。

"我们非常希望为尊贵的中国客人表演塞内加尔摔跤"

走进国家竞技摔跤场，浓郁的"塞内加尔风"格外吸引人。体育场外围顶部，一组浮雕描绘出塞内加尔传统摔跤的种种技巧。体育场内，三层座椅和西侧墙体都设计成了塞内加尔国旗色——红、黄、绿三色交错，在湛蓝的天空下更显鲜艳。

摔跤是展示塞内加尔传统文化的一扇窗口。一场摔跤比赛往往融合摔跤竞技、民俗表演、歌舞等不同文化元素，隆重的比赛仪式可长达几个小时。过去20年来，塞内加尔摔跤产业化发展提速，摔跤成为年轻人眼中很"酷"的运

> 中企承建塞内加尔乡村打井项目给当地孩子带来欢笑。吕强 摄

动，仅达喀尔一地就有超过 6 万名年轻人在接受摔跤训练。当地海滩上，开展自我训练的摔跤爱好者比比皆是：深蹲、拉伸、折返跑，一招一式都非常投入。

"在塞内加尔加大开放之时，最重要的是不能忘记自己的根。"塞内加尔摔跤协会主席阿利翁·萨尔从文化传承的视角看待摔跤的重要性。塞内加尔人对摔跤的这份特殊情感，中方建设者看在眼里，这才有了摔跤场建设一个个独具匠心的细节设计。

摔跤场罩棚的"金腰带"设计，灵感来源于塞内加尔摔跤选手佩戴的腰带。将运动员入口设计在东侧，是因为摔跤比赛开始前要举行出场巡游仪式。摔跤场内一池黄色细沙也很费工夫。项目技术组长薛利春说，施工人员将沙子筛过两遍，确保不留任何杂质，目的就是保证选手上场时有最佳的比赛效果。

"国家竞技摔跤场是塞中友好的一大象征。"塞内加尔体育部长马塔尔·巴对本报记者表示，"我必须向中国朋友们的付出表示敬意！"

听到习近平主席即将来访的消息，塞内加尔摔跤明星巴博耶·拉特尔十分激动："这是塞内加尔的荣幸。我们非常希望为尊贵的中国客人表演塞内加尔摔跤，展示塞内加尔的独特文化。"

"习近平主席来访是扩大两国合作的重大机遇"

在将摔跤场项目打造成精品工程的过程中，中国建设者克服了诸多困难，给当地建设者留下了宝贵经验。

摔跤场所在地此前是沼泽地，地质条件差，再加上工程占地面积大、钢结构跨度大，确保按期完工并不容易。建设者采用建筑信息模型，精确估算施工所需用料，精准调配，保证各个环节都严密配合。中国驻塞内加尔大使馆经济商务参赞韩晓飞对本报记者说，中国施工方采用国内最高标准推进援外项目，同时配备了独立的质检员、监理公司，定期对项目进行检查。

在萨勒总统看来，竞技摔跤场作为塞中两国合作项目的典范，不仅有助于弘扬塞传统文化，还能为当地的发展增添动力。

据统计，摔跤场建设项目为当地创造了约3000个就业岗位。塞内加尔工人初来项目时绝大多数没有相关工作经验，中国工程师和技工师傅"传帮带"，整个项目为当地培训了超过1000名木工、油漆工、电焊工等各类技工。

"中国人远道而来向我们传授技术，这份情谊值得年轻一代珍惜。"达喀尔大学社会学专业大一学生阿力瓦那对本报记者说。他利用假期来工地打工，主要负责场馆的装饰工作。

在这个项目上工作已有一年半时间的桑巴曾于1985年至1991年在北京交通大学读书，能讲一口流利的汉语。"摔跤场将是我们国家的财富。中国政府援建的项目，包括国家大剧院、滨海健身园等，都实实在在地惠及塞内加尔人民。"他说，塞中友好交往对于两国人民来说是莫大的幸福。

桑巴由衷地说："习近平主席来访是扩大两国合作的重大机遇。"

《人民日报》（2018年07月21日05版）

国际回声

竞技摔跤深受塞内加尔民众喜爱，被誉为"国粹"。我对中方为塞内加尔人民援建这一现代化、多功能摔跤场表示衷心感谢。它是塞中友谊新的标志。

——塞内加尔总统萨勒

竞技摔跤场项目在建设过程中创造了 3000 多个就业岗位，为当地培训了超过 1000 名各类技工，让我们受益匪浅。竞技摔跤是塞内加尔的国民运动，我们一直向往拥有一座现代化摔跤场，是中国帮我们实现了梦想。

——塞内加尔竞技摔跤场项目管理人员桑巴·迪奥普

学习视频

感谢中国老师把知识送到我们家门口

吕　强

　　卢旺达北方省穆桑泽巍峨的山脚下，一片红色的建筑群在绿树掩映中格外醒目，这里便是中国政府援建的穆桑泽职业技术学校。去年 11 月，中国浙江金华职业技术学院（简称金职院）的 3 位专业老师来到这里，为包括穆桑泽职业技术学校在内的 8 所卢旺达职业技术学校进行师资培训以及相关专业建设。近日，本报记者走进穆桑泽职业技术学校，全方位感受中非职业教育合作为当地带来的新气象。

"跟着中国老师学习很有收获"

　　擀面、撒葱、切块、拉花……在穆桑泽职业技术学校的酒店管理培训基地，当地学员们正全神贯注地跟中式烹调高级技师楼洪亮学习制作花卷。不一

> 在穆桑泽职业技术学校的食品加工教学车间，中国老师和当地老师在交流现场制作的混合果汁。吕强 摄

会儿，热腾腾的花卷出笼。烹饪专业老师亨利尝着自己亲手制作的花卷说："跟着中国老师学习很有收获。我希望能把中国老师传授的技艺教给学员，他们学成后在当地开个点心铺，生意一定会很火爆。未来，来到卢旺达的中国朋友将能品尝到卢旺达人做的中国美食。"

穆桑泽职业技术学校于 2015 年正式投入使用，是卢旺达北部地区最大的职业技术学校，拥有完善的教学设备以及行政办公、生活服务、体育运动等配套设施。该校与金职院于 2016 年确立合作伙伴关系，开展教师互派、留学生教育等合作。

楼洪亮是金职院首批赴海外教学团队的 3 位专业老师之一，也是婺式点心非物质文化遗产传承人。在穆桑泽职业技术学校，他负责教授 3 个班 100 多名学员。"课余时间，卢旺达师生们也在刻苦练习，经常到了夜晚还有学员来请教问题。他们强烈的学习热情感染着我。"楼洪亮说。

"感谢中国老师把知识送到我们家门口。"穆桑泽职业技术学校校长、穆桑泽市议会主席埃米尔·阿巴伊森加告诉本报记者，金职院老师的授课内容主要包括通信与网络技术、绿色食品生产与检验和烹饪等，都是当地急需的技术，将来穆桑泽职业技术学校还希望与中方在农业灌溉、建筑工程等知识培训上进行交流。

"这些职业培训正是我们想要的"

虽然已是假期，穆桑泽职业技术学校的教室里依旧坐得满满当当。金职院通信与网络专业主任朱墨池正在给学员介绍信息技术产业前景："卢旺达是阿里巴巴集团世界电子贸易平台在非洲的第一个合作伙伴，信息技术产业在这里大有可为。"

穆桑泽职业技术学校学术质量评估办公室主任哈基齐马纳在听完课后说："信息技术产业是卢旺达发展现代化的基础。中国的经验不仅让师生们受益，也将为卢旺达的未来发展提供动力。我们正在筹建通信网络相关专业，这些职业培训正是我们想要的。"

打开朱墨池的课程安排，网络设计、系统管理、网络安全等内容一应俱全。"我们根据当地学员的实际需求和不同特点来选择相应的教学内容。"朱墨池表示，他们还计划搭建一个线上教学平台，让学员在课余

> 在中国援助的卢旺达穆桑泽职业技术学校，中国的烹饪老师和当地老师及学生一起展示刚刚制作完成的花卷。吕强 摄

时间也能随时和他们交流，同时使后续前来任教的老师快速了解之前的教学内容，从而确保整个教学过程的延续性。

埃米尔·阿巴伊森加告诉记者，卢旺达技术人员短缺，学校开设的专业正是卢旺达经济发展需要的专业。"'一带一路'建设为卢旺达带来越来越多的

项目，学员们将获得更多实践岗位和就业机会，未来的发展空间会更广阔。"

"我们要进一步学习中国的经验"

学习中国茶艺、在现代化的图书馆里看书、在中国老师指导下进行实训操作、与中国同学在课堂上讨论、在球场上驰骋……时长 7 分钟的短片《卢旺达留学生在金华》，记录了首批 32 名卢旺达政府委培生的留学经历。

2014 年起，金职院同卢旺达教育部合作，帮助卢旺达培养紧缺的技能型人才。5 年来，金职院已先后接收委培非洲留学生 151 人。

"我为这些在中国学有所成的卢旺达学子感到骄傲。"卢旺达驻华大使查尔斯·卡勇加说，"国家发展，教育先行。卢旺达选择了正确的教育合作伙伴，这些拥有中国技术和经验的学员是卢旺达发展的宝贵人才。"

2017 年 7 月，金职院与穆桑泽职业技术学校合作建立的穆桑泽国际学院挂牌成立，下设汉语言学习中心和技能发展中心。卢旺达教育部人力资源发展局总干事杰罗梅表示，中国对卢旺达人才培养的支持是卢旺达工业化进程的重要推动力。"中国的帮助有效弥补了卢旺达发展中的人才缺口。我们要进一步学习中国的经验，不断增强卢旺达的人才竞争力。"

中卢教育合作是中非教育合作的一个缩影。非洲国家领导人非常重视对青年的教育和培育，特别是解决青年就业问题。非洲方面重视的领域，也是中方在中非合作论坛框架内所着重进行合作的领域。据统计，自 2015 年中非合作论坛约翰内斯堡峰会以来，中国已为非洲培训了 20 万名各类职业技术人员，并提供了 4 万个来华培训名额、2000 个学历学位教育名额、3 万个政府奖学金名额。

目前，中国援建的穆桑泽职业技术学校二期工程即将启动。未来，穆桑泽职业技术学校将以卢旺达为中心，辐射中东非其他国家。中方优势结合非洲自身禀赋，将助力非洲形成自主"造血"能力，帮助非洲培养更多加工制造业急需的产业人才。

《人民日报》（2019 年 01 月 23 日 03 版）

国际回声

感谢中国政府为我们建设如此美丽和高质量学校，我们正与中国兄弟院校合作，学习中国成熟经验和先进教学理念，努力使我们的职业教育实现跨越式发展，为卢旺达乃至周边国家培养急需的各类人才。

——穆桑泽职业技术学校常务副校长约瑟夫

中国为卢旺达职业教育发展作出了贡献，职教合作成为卢中友谊的又一典范。

——卢旺达前教育部长欧仁·穆提穆拉

学习视频

中国菌草，太平洋岛国的传奇

李 锋 曲翔宇

📖**学习金句**

18年前，我担任中国福建省省长期间，曾推动实施福建省援助巴新东高地省菌草、旱稻种植技术示范项目。我高兴地得知，这一项目持续运作至今，发挥了很好的经济社会效益，成为中国同巴新关系发展的一段佳话。

——2018年11月14日，在对巴布亚新几内亚独立国进行国事访问前夕，国家主席习近平在巴布亚新几内亚《信使邮报》《国民报》发表题为《让中国同太平洋岛国关系扬帆再启航》的署名文章

11月14日，在对巴布亚新几内亚独立国进行国事访问前夕，习近平主席在巴布亚新几内亚《信使邮报》《国民报》发表题为《让中国同太平洋岛国关系扬帆再启航》的署名文章。

"18年前，我担任中国福建省省长期间，曾推动实施福建省援助巴新东高地省菌草、旱稻种植技术示范项目。我高兴地得知，这一项目持续运作至今，发挥了很好的经济社会效益，成为中国同巴新关系发展的一段佳话。"文章中的这段话，让中国菌草传奇瞬间成为人们共同关注的焦点。

不只在巴新，菌草种植已经在多个太平洋岛国蓬勃发展。"菌草和旱稻种植技术的推广，使我们的人民摆脱了饥饿威胁，增加了收入。"巴新东高地省前省长拉法纳玛说。

一看就懂，一教就会，一干就成

拉法纳玛还记得 18 年前那次珍贵的会面。"那是 2000 年，我作为东高地省省长访问中国，时任福建省省长习近平会见了我们。访问期间两省签署了友好省协议，并把中国的菌草和旱稻种植技术引入东高地。18 年后，习主席仍然惦记着这个菌草项目，我们东高地人民感到非常荣幸。习主席是巴新的贵宾，是东高地省人民的朋友。"

作为传统农业国，巴新全国有 83% 的人生活在农村。该国气候和土壤条件优越，但是农业技术相对落后，菌草和旱稻种植技术对于提升其农业发展水平具有重要意义。

2000 年，菌草项目正式落户巴新。菌草技术是由福建农林大学教授林占熺发明的一项以草代木栽培食用和药用菌的综合性技术。其生产过程不会破坏树木，因此有助于农业可持续发展。

"菌草项目是习主席担任福建省省长时亲自推动的。"林占熺说，"我们一切根据当地的实际情况出发，一切从当地百姓的利益出发。"考虑到东高地省农民的实际状况，林占熺和他的团队将种植技术简化再简化，让尚处于部落经济状态的村民一看就懂、一教就会、一干就成。

推广的过程并不容易。按照常规，菌草生产过程需要高压灭菌。但是当地不通电，物资极度匮乏，也没有高压锅炉。中国技术人员就用 3 个汽油桶、几块石头、一根橡皮管和两片塑料薄膜做成简易灭菌设备。"效果和高压锅炉完全一样！"

在中国技术人员的努力下，菌草种植在巴新推广开来，目前已经扩展到巴新 3 个省的 10 个区。林占熺给记者算了一笔账，1 平方米的菇床每年可以采收 120 千克新鲜蘑菇。一个农户如果利用 10 平方米养殖蘑菇，每年就可以收获蘑菇 1 吨多——"一家人就脱贫了。"因为低成本、易种植，菌草也成为巴新具有超高人气的经济作物，还产生了一批"菌草迷"。

同样是在中国专家的帮助下，东高地省没有稻谷种植的历史也结束了。他们还一举创造了两项世界纪录：一是旱稻大面积种植平均产量超过 8.5 吨 / 公顷；二是旱稻宿根法栽培获得成功，并创造了一次播种连续收割 13 次的纪录。

> 中国专家给斐济农户教授蘑菇种植技术。曲翔宇摄

爱上蘑菇的他们，收入逐年攀升

从南太平洋地区的交通枢纽——斐济楠迪国际机场驱车约 5 分钟，本报记者就来到被农田环绕的一处小院落。一进大门，一副对联映入眼帘："菌草人不忘初心立新功，援外事继续前行创伟业。"这里，便是中国援斐济菌草技术示范中心。

"菌草的推广，让包括斐济在内的太平洋岛国农民走上致富道路。"对联的作者、援斐菌草中心专家吴少风教授对本报记者介绍说，菌草粗蛋白的含量相当于青储玉米，牛羊特别爱吃，1 公顷菌草可以养 30 头牛或 300 只羊，"牛羊出栏量大幅增加。"

援斐菌草中心是由习近平主席推动、中斐两国领导人共同确定的技术援助项目。项目旨在通过技术培训与示范推广，将传统的菌草养菇和新兴的菌草养畜相结合，带动斐济乃至整个南太平洋地区的农民增收和环境保护，为应对气候变化和可持续发展开辟一条新途径。落成 4 年多来，该中心已成为太平洋岛

> 斐济儿童展示自家用菌草种出的蘑菇。曲翔宇摄

国新兴菌草业的重要示范基地。

莱迪是援斐菌草中心的邻居，也是项目实施以来的当地合作伙伴，见证了菌草在斐济从无到有、生根繁衍的全过程。

"2014年菌草刚进入斐济时，只有斐济一些农业专家和政府官员知道它的神奇之处，很多当地居民对此几无了解，甚至充满误会，包括我自己。"莱迪告诉记者。

为打消当地人对于食用蘑菇的顾虑，菌草团队频繁参加当地美食节和各类型文化活动，并邀请当地各界人士来菌草中心就餐。"刚认识中国朋友后没几天，我就应邀前往他们的食堂就餐，结果发现就地取材烹制的蘑菇汤、蘑菇炒肉美味极了，我从此爱上这种外形奇特、口感鲜嫩的食物。"莱迪说。

对蘑菇的认识误区被打破后，渴望掌握菌草技术的农民纷至沓来。目前，项目组在当地培训了938人，并组织45人次的斐济农业官员和技术人员到福建农林大学接受培训。参加菌草和蘑菇种植农户已超过600户，菌菇产品进入各地乡村集市、餐馆、酒店。菌草作为饲草种植推广至斐济农业部下属畜牧研究站、多家畜牧企业与养殖户，降低了旱季牛羊死亡率。

斐济农民博尔已种植菌草3年有余。"在项目组和农业协会的大力普及下，越来越多斐济人爱上蘑菇，我的收入也逐年攀升，每月最好的时候能够达到1万斐济元（约合3.1万元人民币）。"博尔说。据记者了解，中国市场上常见的平菇在斐济当地超市内能够卖到每斤四五十元人民币，跟优质牛羊肉价格不相上下。

"自1992年起，菌草技术已从中国成功推广到105个国家。泰国、马来西亚、斐济、巴布亚新几内亚、南非、卢旺达、莱索托和厄立特里亚等 13 个国家建立了菌草工程示范培训和产业发展基地，很好地发挥了经济和社会效益。"林占熺说。

《人民日报》2018 年 11 月 15 日 05 版）

国际回声

蘑菇和稻米已同咖啡一样，成为巴新高地地区最重要的经济作物。菌草就是我们的脱贫致富草。

——巴新总理马拉佩

菌草项目是好项目，中国专家是好朋友。

——斐济总统孔罗特

中国专家为巴新农户提供拖拉机耕犁土地，从现场培训播种、田间管理，再到最后收割，付出了很大辛劳。他们是在真心实意地帮助我们。

——巴新国会议员、农业部前部长贝尼·艾伦

菌草技术项目为实现多个联合国可持续发展目标作出重要贡献，包括消除贫困、清洁能源、性别平等和保护生态多样性等。菌草技术为发展绿色经济树立了榜样，为当地青年创造了绿色就业的机会，是推动"一带一路"沿线国家农业合作的重要实践。

——第七十三届联大主席埃斯皮诺萨

中国管理团队让港口面貌焕然一新

孙广勇　林　芮

> **学习金句**
>
> 　　今年来，两国经贸合作快速拓展。中国已成为文莱最重要的合作伙伴之一。恒逸文莱石化、"广西－文莱经济走廊"两大旗舰合作项目顺利推进。来文莱投资兴业的中国企业日益增多，为文莱经济多元化发展发挥了积极作用。
>
> 　　——2018 年 11 月 17 日，在对文莱达鲁萨兰国进行国事访问前夕，国家主席习近平在文莱《婆罗洲公报》《诗华日报》《联合日报》《星洲日报》发表题为《携手谱写中国同文莱关系新华章》的署名文章

　　在距离文莱首都斯里巴加湾市 29 公里的摩拉港，一艘大型集装箱船缓缓驶入港口。船只停稳后，码头上巨大的岸桥开始工作，把集装箱吊装到码头上，然后由正面吊和堆高机堆放到堆场不同区域。

　　摩拉港位于文莱摩拉县，是该国唯一的深水港口，也是文莱开展国际贸易的重要枢纽。据文莱交通部港务局网站介绍，文莱除油气资源外 90% 的进出口货物均经过摩拉港。但长期以来由于运营管理技术相对滞后，港口区位优势没有得到有效体现，导致相关物流成本较高，港口发展受限。一年多前中国公司的加入让这一情况悄然改变。2018 年前 10 个月，摩拉港共完成集装箱吞吐量 93257 标箱，同比增长约 7%。当地媒体《诗华日报》称，中国公司的到来提高了码头的操作效率及服务水平，并降低了当地物流成本，提升了摩拉港的

区域竞争力。

单船平均作业效率同比增幅达 50%

2017 年 2 月，广西北部湾国际港务集团与文莱达鲁萨兰资产管理公司组建的合资公司文莱摩拉港有限公司接管了摩拉港集装箱码头。2018 年 7 月，文莱摩拉港有限公司接管摩拉港通用码头及其他相关资产，正式完成对文莱摩拉港的整体接管工作。

"中国管理团队让港口面貌焕然一新。"文莱摩拉港有限公司的集装箱操作部现场主管约瑟曼告诉记者，2017 年 8 月份，在接管摩拉港集装箱码头短短 5 个月后，新增的 4 台正面吊、3 台堆高机等设备正式投入使用，为近 20 年没有新购设备的港口注入了新鲜的血液。经过一年多的努力，港口单船平均作业效率达到 30.2 自然箱 / 小时，比接手前提高了 50% 以上，外拖车提还柜平均时间为 25 分钟，缩短了 30 分钟以上。

文莱万凌公司总经理迈克姆对港口的变化有切身感受："我每个月都要从新加坡进口几十个集装箱的货物，以前每个集装箱运费大约 1800 文币（1 文币约合 5 元人民币），有时港口的起吊机坏了或遇上节假日，还得收取货物存放费。现在，提取货物快了很多，费用也节省了不少。"

2017 年 12 月，摩拉港财务管理系统和码头运营系统相继上线运行，实现了港口全面信息化管理，操作效率及准确率得到进一步提升。"港口实现了从手动操作到电脑系统化管理的改变，现在司机交提柜都不用下车，通过电脑系统终端，就可以明确地知道下一步的作业地点及作业方式。系统的操作应用方面，有中国专家培训我们，不到两个月就熟练掌握了。"摩拉港有限公司集装箱操作部中控主管麦克告诉记者，今年 5 月他刚去中国培训，惊叹中国港口的先进技术和管理，"希望未来摩拉港也能发展得像中国那些大型港口一样先进。"

曾在文莱港务局任职的法基拉是摩拉港有限公司的副总经理，他告诉记者："与中企合作打造摩拉港是最佳选择，在广西北部湾国际港务集团到来之前，摩拉港 20 多年没有起色。中企带来了先进的技术和管理经验，且发展港口的思路与文莱一致，我们的合作非常顺利。"

打造东盟东部增长区航运中心

文莱财政部第二部长刘光明表示，文莱将利用其作为东盟东部增长区核心的区位优势，与中方伙伴紧密合作，以摩拉港为依托，努力打造区域互联互通。

随着摩拉港的基础设施更新与效率提速，文莱致力于将摩拉港建成国际大港，使之成为新的经济增长点，并将其打造成东盟东部增长区的航运中心、运输中枢。为此，文莱政府推出了鼓励航运业发展、打造世界级船运设施、加强摩拉港与国际港口接轨等措施。

随着"一带一路"建设的推进，中国与文莱港口在基础设施、通关、港航物流、临港产业园区等领域合作取得可喜进展。中国—东盟港口城市合作网络作为中国与东盟之间海上互联互通的重要合作机制，建立 5 年来，通过已建成的中国—东盟港口物流信息中心一期工程，实现了广西钦州港与互航的东盟港口物流信息互联互通。

"文莱政府希望借此将文莱与广西、进而与中国的商业和运输合作关系提升到更高水平，加快文莱与中国的双边贸易和投资合作。在发展港口方面，文莱存在诸多不足，期待更多来自中国的资金、技术和经验。"文莱斯里巴加湾市中华总商会会长林伯明说。

开发产业园助力文莱经济多元化

除了通过技术和管理提升摩拉港的竞争力外，广西北部湾国际港务集团正与文莱政府探讨"港口＋产业园"合作模式，通过建设和开发产业园吸引更多投资进入文莱。

"随着业务量的增长，未来我们将会建设更现代化的深水港区，届时最先进的巨型货轮将可直接停靠。除运营码头，我们还将打造符合文莱政策的产业园，促进本地经济多元化发展。"摩拉港有限公司总经理戴春晖对本报记者说。

> 文莱摩拉港。孙广勇　摄

> 文莱摩拉港码头。孙广勇　摄

　　去年9月，广西北部湾国际港务集团与文莱政府相关部门签署了文莱摩拉港注资协议、文莱物流园开发建设谅解备忘录、文莱产业园开发意向书。根据计划，开发模式将借鉴广西北部湾国际港务集团目前在马来西亚开发建设的马中关丹产业园的开发运营模式，以食品制造、电子信息、现代物流以及房地产等产业为主要方向。这与文莱政府提出的以经济多元化为目标的"2035宏愿"相一致。

　　前文莱工业和初级资源部长叶海亚多次表示，希望加强文莱和中国在港口运营领域的合作："文莱希望将广西钦州港作为进入中国市场的重要门户，并进一步探讨和促进各领域合作，全面提升文莱与中国的关系。"

《 人民日报 》（ 2018 年 12 月 08 日 11 版）

国际回声

　　摩拉港涌动的新气象，重新点燃了我这个"老港口人"的热情。摩拉港的服务水平上去了，工作效率大大提高，客户满意度也不断提升。成绩鼓舞着每一个人，员工们比以前更快乐，干活也更来劲儿了，大家对未来有了更高的期待。

——时任文莱摩拉港有限公司副经理法基拉·亚辛

中国朋友给我们送来了珍贵礼物

赵益普

學習金句

中国坚定支持菲律宾禁毒和反恐努力，支持马拉维战后重建，为菲律宾维护国内和平贡献力量。两国人民在灾害面前守望相助，谱写了一曲又一曲中菲友好赞歌。

——2018年11月19日，在对菲律宾共和国进行国事访问前夕，国家主席习近平在菲律宾《菲律宾星报》《马尼拉公报》《每日论坛报》发表题为《共同开辟中菲关系新未来》的署名文章

在4月8日上午举行的移交仪式上，中方将印有中菲两国国旗、象征项目完工的钥匙交给菲方，随后两国官员共同为戒毒中心揭牌。菲律宾南阿古桑省戒毒中心椰林环抱、环境优美。戒毒中心含150个床位，项目用地面积3公顷，建筑面积约6750平方米。建筑包括行政管理及医疗综合楼、探视用房、员工用房、病人宿舍、风雨操场等。该戒毒中心采用了"希望之窗"的现代主义建筑风格设计理念，庭院式分散布局，宽敞大气，色彩明亮。

"感谢中国朋友，我们要尽全力推动菲中关系进一步发展"

据悉，智能化信息系统设计是该戒毒中心的一大亮点。通过充分利用智能化信息设备，戒毒中心建立了多个互相联动的智能化信息系统，保障了项目后

> 中国援建菲律宾南阿古桑省戒毒中心。赵益普　摄

期高效运营，充分展示了中国援建项目的高规格与现代化的设计建造水平。

　　南阿古桑省戒毒中心项目于 2018 年 2 月动工，2019 年 4 月完工，成为"中国速度"在菲律宾的典范。据了解，该戒毒中心将于今年 5 月正式投入使用，它将成为菲律宾最现代、最科学的戒毒中心之一，将极大改善菲律宾的戒毒条件。

　　南阿古桑省省长爱德华·普拉萨表示："南阿古桑省一直梦想有一个现代化的、科学的戒毒中心，中国政府让这个梦想实现了。中国朋友给我们送来了珍贵礼物。"

　　菲律宾卫生部部长助理阿卜杜拉·杜玛玛告诉本报记者，中国援建的南阿古桑和萨兰加尼的戒毒中心都很棒，戒毒中心设施完备齐全、居住条件优良，病人在这里可以感受到家的温暖。阿卜杜拉表示，菲律宾卫生部一直希望鼓励吸毒者戒掉毒瘾，这两所戒毒中心极大地支援了我们的工作，支援了菲律宾的禁毒事业。阿卜杜拉特别强调："感谢中国朋友，我们要尽全力推动菲中关系进一步发展。"

中国援菲戒毒中心项目来自中菲领导人的直接推动。2016 年 10 月，菲律宾总统杜特尔特首次访华，并在当月 20 日就中国援助菲律宾戒毒中心项目同中方达成一致。2018 年 12 月 17 日，首个中国援菲戒毒中心项目在菲律宾萨兰加尼省移交给菲律宾卫生部，不到 4 个月后，中国援菲的第二个戒毒中心项目就在南阿古桑省再次移交给菲卫生部。

"中企不仅给村民提供了工作岗位，而且教会了我们很多技能"

"我们村子有好多人都参与了戒毒中心的建造，马加西村是距离戒毒中心最近的村子，可以说我们是看着这个戒毒中心建起来的，如今终于要移交给菲律宾了，我们怎么能不激动呢？"家住戒毒中心附近马加西村的菲律宾姑娘玛莉亚告诉记者，"中企不仅给村民提供了工作岗位，而且教会了我们很多技能。一些原本只会种田的农夫在戒毒中心工地上工作一段时间后，就可以利用这些技能去省城打工了。"

据了解，在戒毒中心的建造过程中，中国中建坚持采用"受援国自建"的属地化实施模式，结构施工材料、机具、家具、医疗器械等大量物资均在当地

> 中国援建菲律宾南阿古桑省戒毒中心移交仪式现场。赵益普　摄

采购，累计达到 7000 万元人民币，拉动了当地的经济发展，给周边居民增加了收入。

戒毒中心的项目劳动力、管理人员也以当地雇员为主，总计聘用了 450 名菲律宾工人。在施工过程中，通过中国中建对菲方工人的技术指导，部分菲方工人从普通工人转变为技术工人，不仅增加了他们的收入，还为他们以后找工作增加了优势。

中国中建菲律宾分公司总经理刘伟告诉本报记者，坚持属地化原则，既是企业发展之道，更是落实"一带一路"倡议、促进民心相通的重要举措。"南阿古桑戒毒中心的顺利完工，离不开吃苦耐劳、勤奋好学的菲律宾工人，而他们也在这个过程中增加了收入，增长了技能，成了当地基础设施建设的后备力量。"刘伟说。

"菲中两国在禁毒领域的合作已经取得了非常大的成就"

近年来，菲律宾政府在全国强力推进大规模反毒行动。据菲律宾缉毒署统计，全国吸毒人数高达 400 万人。相比于庞大的吸毒人群，戒毒设施却相对缺乏，而且各省分布十分不均，尤其是南部的棉兰老岛地区更是严重不足。中国政府先后在棉兰老岛援建的这两所戒毒中心，将进一步助力菲律宾的禁毒事业，改善菲律宾的戒毒条件。

对于中国政府的善意，菲律宾人民看在眼里，暖在心里。斯可洛女士在圣弗朗西斯科市政府工作，今天早上特地自己开车来到戒毒中心参加移交仪式。"我打心底里为南阿古桑省拥有这样一座漂亮、现代化的戒毒中心而感到高兴。我们自发来到这里，就是为了表达对中国政府援建戒毒中心的谢意，表示我们对菲中友谊的支持，我们希望菲中永远是好朋友。"斯可洛说。

菲律宾卫生部副部长罗赫尔·安说，南阿古桑省戒毒中心可以挽救很多菲律宾人的生命，让他们的生活重回正轨。"菲律宾有着禁毒的决心，感谢中国和南阿古桑省政府让菲律宾的禁毒决心付诸行动。"罗赫尔·安表示，"中国援菲的两所戒毒中心是菲中禁毒领域的合作成果之一，在禁毒领域合作越深入，就越能推动菲中关系更加友好。"

爱德华·普拉萨说："毫无疑问，菲中两国在禁毒领域的合作已经取得了非常大的成就。"

中国驻菲律宾大使馆经商参赞金远在移交仪式上表示："中国援建的萨兰加尼省和南阿古桑省两个戒毒中心项目的移交有力地证明了，中国政府将尽一切努力帮助我们的友好邻国菲律宾。"金远说："中国真诚希望菲律宾繁荣发展，让我们共同努力，为中菲互利合作拥抱更美好、更有希望的未来。"

《人民日报》（2019 年 04 月 09 日 17 版）

国际回声

中国援建的戒毒中心非常先进、现代化，将进一步推动菲律宾人民的禁毒行动。这是一个对菲律宾人民有益、对菲律宾发展有帮助的项目，我们希望迎来一个更加卫生、健康的未来。

——菲律宾卫生部部长弗朗西斯科·杜克

学习视频

"钢铁驼队"为共建"一带一路"合作增添动能

敬宜　冯雪珺　李强于洋

学习金句

中国将同各方继续努力，构建以新亚欧大陆桥等经济走廊为引领，以中欧班列、陆海新通道等大通道和信息高速路为骨架，以铁路、港口、管网等为依托的互联互通网络。

——2019年4月26日，国家主席习近平在北京出席第二届"一带一路"国际合作高峰论坛开幕式，并发表题为《齐心开创共建"一带一路"美好未来》的主旨演讲

近日，推进"一带一路"建设工作领导小组办公室召开中欧班列统一品牌五周年工作座谈会。截至目前，中欧班列累计开行突破4万列，合计货值超过2000亿美元，打通73条运行线路，通达欧洲22个国家的160多个城市。

2011年3月，首列中欧班列披红挂彩，驶出中国重庆的火车站台，开往德国杜伊斯堡，拉开了中欧班列不断发展壮大的序幕；2016年6月，国家主席习近平在出访波兰期间，同波兰总统共同出席统一品牌中欧班列首达欧洲（波兰）仪式。

驼铃声声，舟楫相望。中欧班列这支"钢铁驼队"已成为促进区域共同发展的桥梁纽带，为共建"一带一路"合作增添更多动能，为沿线国家人民带来更多福祉。

> 中欧班列茶叶专列。新华社发

"与中国的紧密联系及蓬勃发展的商业燃起了新的希望"

10 年前，欧洲最大内陆港所在地德国杜伊斯堡市，迎来了从中国重庆驶来的货运班列。在德国电视一台评论员戴维迪·扎琼茨看来，对于面临转型挑战的杜伊斯堡来说，"与中国的紧密联系及蓬勃发展的商业燃起了新的希望"。

煤炭及钢铁产业曾是杜伊斯堡及所在的鲁尔区的支柱产业。多年来，该地区面临产业结构调整的严峻挑战，中欧班列成为当地发展物流等现代服务业的"助推器"。杜伊斯堡经济促进局首席执行官拉斯姆斯·贝克表示，杜伊斯堡所在的德国北威州同中国合作紧密，目前约 1200 家中资企业落户当地，拥有上万名员工，其中与物流相关的大部分企业位于鲁尔区。共建"一带一路"为鲁尔区汽车、机械制造和钢铁产业提供了巨大历史机遇。"杜伊斯堡港可能是德国人常说的结构转型中最成功的故事之一。"德国对外关系委员会研究员雅格布·玛丽亚·佩佩说。

如今，杜伊斯堡市莱茵豪森区，曾经的钢铁厂已经变身为一座蓬勃发展的物流园，吊车正有条不紊地装卸中欧班列运输的集装箱。集装箱上，"中远集团""中国铁路"等标志清晰可见。

作为中欧班列重要集散地，杜伊斯堡 DIT 货运场站运送集装箱的卡车，常常在货场外排起长队。为了处理日益繁忙的业务，场站新购置了 20 万平方米的土地，并招聘了更多货车司机。杜伊斯堡市中国事务专员约翰内斯·普夫卢格说，中欧班列为当地创造了超过 6000 个就业岗位。杜伊斯堡与中国日益频繁的交通往来如同"催化剂"，吸引了更多投资者。全球运输和物流公司德迅就是在 2019 年选择杜伊斯堡建立起欧洲最大的物流枢纽之一。

波兰罗兹也正经历相似的转变。2013 年，中欧班列"蓉欧快铁"开通运行，将四川成都与罗兹紧密连接起来。借助中欧班列，波兰计划将老工业中心罗兹打造成本国最重要的交通运输枢纽。"罗兹的变化是中欧班列给波兰带来发展机遇和活力的最好例证。"波兰罗兹市副市长克日什托夫·皮翁特科夫斯基说。

"带动了大批相关产业发展，也吸引年轻人回到家乡"

就业率平均提高 4.1%，是 10 年间中欧班列为节点城市带来的直接变化。根据山东大学国际问题研究院副院长、德国杜伊斯堡—埃森大学东亚研究所兼职研究员李远等学者的跟踪研究，物流业的繁荣拉动了汉堡、布达佩斯、马德里、华沙、马拉舍维奇、罗兹等节点城市多个行业发展，金融、公共服务等行业就业率平均增长 4.8%。中欧班列运载的货物包含大量的中间产品和非本地消耗成品，加大了当地交通运输、仓储、批发、零售、租赁和商务服务业的需求，促进大量劳动力向节点城市汇聚。

在波兰与白俄罗斯交界的波兰小城马拉舍维奇，中欧班列正等待换轨。一批批货物将由此西行进入欧盟市场，或由欧洲运往中国。马拉舍维奇人口仅约 4000 人，曾是波兰重要陆路转运站，20 世纪 90 年代后逐渐衰落。中欧班列的开行使这座边境小城重焕光彩，成为欧盟重要物流转运集散地。

"过去，年轻人大多到华沙等大城市寻找就业机会，马拉舍维奇的居民几乎只剩下老年人。中欧班列的运营带动了大批相关产业发展，也吸引年轻人回到家乡从事物流相关工作，进一步促进了马拉舍维奇场站的快速发展。"波兰铁路货运公司首席执行官瓦塞维茨说。

货物到达马拉舍维奇后，将在这里装卸，运至波兰罗兹、德国纽伦堡以及荷兰蒂尔堡等欧洲各大城市，并通过公路进行下一级分发。在中欧班列带动下，东欧物流市场发展向好，特别是波兰卡车业务线路得到拓展。德国哈根大学教授汉斯·施米尔指出，中欧班列促进了陆路多式联运的发展，即铁路与公路货运互通互利，共同提高陆路运输的总体效能和竞争优势。

"中欧班列为沿线各国带来了新的机遇和商业模式"

"渝新欧""义新欧""蓉欧""郑欧"……10年来，中欧班列从"一条线"成为"一张网"，73条运行线路，编织出中欧商贸的美好图景。

在西班牙皮苏埃加河畔古城巴利亚多利德，中欧班列满载着当地特产的葡萄酒，驶向遥远的东方；在法国北部杜尔日港口，迪卡侬集团定制的中欧专列，装载有从中国采购的自有品牌运动产品，正在井然有序地卸货；在白俄罗斯首都明斯克，借着中欧班列发展的势头，"80后"中国小伙创业打造了当地数一数二的物流公司，并且在当地收获了爱情……疫情防控期间，中欧班列向欧洲发运1199万件、9.4万吨防疫物资，有力保障了全球产业链供应链稳定。未来，中欧班列还将积极探索开行"人文班列""旅游班列"。

高性价比的运输方式，让越来越多的欧洲民众，体验到中国的电商服务。据统计，近两年来，仅在波兰使用跨境电商购物的人数便增加了13%，超过1/4的波兰民众成为中国跨境电商平台的用户。一批批有海外仓需求的跨境电商、物流配套服务供应商以及数字化初创企业，逐渐在中欧班列节点城市聚集。

李远表示，中欧班列带来了外贸相关基础设施的改善，陆运节点城市呈现出类似港口城市的特征，带动了相邻区域就业率平均1.5%的增长。据悉，杜伊斯堡附近的克雷菲尔德、奥伯豪森等中小城市便受益于共建"一带一路"，将中欧班列视为经济发展的重要契机。

　　"我们运营中欧班列波兰段已经8年了，中欧班列相关业务占公司总业务比例超50%，大大超出我们的预期。"中欧班列波兰运营企业——哈特兰斯物流公司首席执行官菲利普·格泽拉克说，"中欧班列为沿线各国带来了新的机遇和商业模式，也让相关城市在欧盟物流运输中的地位不断提升。"

《人民日报》（2021年06月25日14版）

国际回声

　　白方愿同中方一道，充分利用中欧班列扩大双边贸易，共建"一带一路"，推进各领域务实合作。

——白俄罗斯总统卢卡申科

　　在中欧班列开通之前，欧洲缺少通往中国的直达货运列车。货物运输几经辗转，不仅耗时长，而且运费高，这在很大程度上制约了欧中经贸往来。中欧班列不仅给欧中市场运送了大量货物，还创造了许多投资机会。可以说，中欧班列为欧中经济带来巨大发展机遇。

——荷兰BTT多式联运集团总经理罗兰德·韦巴克

　　波兰是欧盟乳制品生产和出口大国，中国拥有巨大的消费市场，中欧班列在波中之间架起一座重要的桥梁。

——波兰味奇集团首席商务官马齐亚尔奇克—皮萨尔斯卡

对接"一带一路"，带动区域经济圈发展

丁 子 孙广勇 俞懿春

学习金句

中方将继续支持泰国维护国内稳定，促进国家发展，愿同泰方加强发展战略对接，高质量推进共建"一带一路"合作，建设好中泰铁路，发展好"东部经济走廊"，引领好创新合作，打造好民心工程，为两国关系发展注入强劲动力。

——2019年4月26日，国家主席习近平会见泰国总理巴育

12月21日下午，中泰铁路合作项目一期工程开工仪式在泰国呵叻府巴冲县举行。泰国总理巴育出席开工仪式，中泰铁路合作联委会中方主席、国家发展改革委副主任王晓涛在开工仪式上宣读了国务院总理李克强发来的贺信。中国驻泰国大使昌健、泰国交通部长阿空及来自中泰政府和相关部门的近400人出席开工仪式。

"从曼谷到呵叻的时间将从现在的4～6小时缩短至1个半小时"

目前泰国有4条主要铁路干线，从曼谷分别向北部、东部、南部及东北部延伸，总里程4000多公里。泰国火车按速度分为特快、快速和普通3种，但是最快也只能达到每小时60公里。

铁路寄托着泰国对现代化建设和经济发展的梦想。呵叻府距首都曼谷约250公里，是泰国最大的府，也是通往泰国东北部的门户。中泰铁路选择在这里开工，具有重要的历史和现实意义：1896年正式运营的泰国第一条铁路线正是连接曼谷和呵叻；中泰铁路合作项目建成后将是泰国第一条标准轨高速铁路。

在开工仪式现场，一根石柱矗立，纪念泰国曼谷王朝第五世王朱拉隆功于1898年到此视察铁路运行。100多年过去，"泰国迎来了历史上第二次铁路科技革新"，阿空21日在开工仪式现场接受本报记者采访时说："这第二次改革给泰国带来高铁，让泰国与'一带一路'倡议对接，将带动区域经济圈的发展。"

中泰铁路合作项目一期工程全长252.3公里，其中高架桥轨道线路长181.94公里，地面轨道线路长63.95公里，隧道长6.44公里。沿途共设6站，设计最高时速250公里，"建成之后从曼谷到呵叻的通行时间将从现在的4～6小时缩短至1个半小时。"呵叻府府尹威谦在开工仪式上说。

泰国总理巴育在致辞中表示，中泰友好历史悠久，双方在经济、社会、文化等领域开展了卓有成效的合作。铁路项目不仅将促进泰国经济发展，也将有利于区域互联互通。将把泰国与周边国家连接起来，成为"一带一路"交通网络的一部分，有助于泰国成为东盟交通和物流中心，助力泰国可持续发展并向高收入国家迈进。致辞最后，巴育用中文说，泰中两国将在铁路项目上"同心协力，事事顺利"。

"今天的开工仪式标志着中泰铁路合作项目进入实施阶段，这是一小步，也是一大步，具有里程碑意义。未来还有很多工作要做，相信中泰双方一定会更加紧密合作，深入沟通，克服困难，实现更大发展。"吕健在开工仪式后接受媒体采访时说。

"'一带一路'正促成东盟国家通过铁路相互连接，并通向亚欧"

中泰铁路是两国务实合作的旗舰项目，也是两国在"一带一路"框架下重要的互联互通项目。这条铁路的建设，不论从本国还是地区层面看，都有利于泰国的长远发展，符合泰国人民的切身利益。

> 中泰铁路开工仪式现场。孙广勇 摄

　　然而"好事多磨"。中泰铁路项目在推进过程中也遇到一些困难,迄今为止,双方设立的铁路项目联委会围绕相关问题进行了 20 多轮谈判。中方将在建设过程中同泰方分享高铁技术,帮助泰方培训专业技术和管理人才,真正使高铁在泰落地生根、开花结果。泰国政府为了让这一项目与泰国整体发展有机结合,制定了交通基础设施发展规划,并将对相关法律法规作出调整。用巴育的话讲,要努力建成"泰中铁路合作项目这样的历史性大项目",只有这样,"我们的国家才能发展向前"。

　　在双方努力下,中泰铁路合作项目谈判逐步取得突破性进展。9 月 4 日,中泰双方签署了中泰铁路合作项目(曼谷至呵叻段)详细设计合同和施工监理咨询合同。同在 9 月,中泰两国领导人达成一致,要落实好《共同推进"一带一路"建设谅解备忘录》和未来 5 年《战略性合作共同行动计划》,加强投资、铁路和互联网金融、数字经济、电子商务等领域合作。这为中泰铁路项目一期工程首段正式动工创造了条件。

"'一带一路'倡议正促成东盟国家通过铁路相互连接，并通向亚欧。"阿空说。专程从曼谷来参加开工仪式的泰国铁路工程师技术学校学生武提猜对本报记者说，我们非常感谢中国。项目建成后，泰国将拥有第一条高速铁路，我希望自己将来能够成为这条线路的列车司机。

"我们今后不仅可以坐火车到曼谷，还可以到廊开，到中国"

"我们都很期待中泰铁路尽快开通，现在从呵叻到曼谷经常堵车，让人头疼。"在呵叻府政府部门工作的伊萨雅告诉本报记者，"将来铁路开通了，我们不仅可以坐火车到曼谷，还可以到廊开，到中国。高铁将使泰国人的出行范围更广，与世界的联系更密切。我们没有理由不把中泰铁路建设好。"

泰国是共建"一带一路"重要合作伙伴，中泰铁路合作项目的建设不仅有利于带动铁路沿线地区和产业的繁荣发展，也将完善泛亚铁路中线建设，进一步奠定泰国作为地区互联互通枢纽和东盟重要经济中心的地位。实际上，中泰铁路的每一个进展，都让中国"一带一路"建设与泰国4.0发展规划的衔接更加紧密。当前，泰国正积极推动东部经济走廊建设，中泰铁路将成为连接东部经济走廊与中国的大动脉，促进泰国同中国巨大市场的对接，为泰经济发展提供基础设施保障。

泰国中华总商会主席陈振治对本报记者表示，中泰铁路合作项目是泰国人民及工商界企盼的大项目，希望中泰铁路项目能为泰国经济发展提供新契机，注入新动力。

中泰铁路也是一个惠及整个东南亚的惠民工程。阿空表示，铁路合作项目不仅带动泰国东北部发展，二期工程还将把铁路延伸至与老挝首都万象一河之隔的廊开府，实现与中老铁路磨丁至万象段的连接，使泰国整个国家及周边区域受益。

泰国开泰研究院中文部主任黄斌对本报记者表示，中泰铁路全线建成后将形成从昆明直达曼谷的快速通道，把东南亚铁路网与中国乃至整个欧亚大陆的铁路网连接起来，不仅方便了沿线地区民众的出行和相互往来，也有利于促进沿线地区的市场开放整合和生产要素的优化组合，带动生产、贸易、物流、旅游业的发展，为沿线国家经济发展注入新活力。

《人民日报》（2017年12月22日03版）

国际回声

我对中国铁路的技术和经验非常有信心，尤其在高铁技术方面，中国是全球领先者。在泰中铁路合作项目沿线，人民会有更多的就业机会，生活水平将得到提高。

——时任泰国国家铁路公司总裁武提猜·甘乐雅那密

泰中铁路奠基标志着泰国基础设施建设发展迈上新台阶，这将不断加深泰中两国友好关系。它标志着东南亚陆地国家基础设施建设步入新阶段，将会为本地区互联互通和一体化发展带来更多机遇。

——时任泰国朱拉隆功大学安全与国际问题研究所主任提提南

中国工匠的高超技艺让我们重获希望

苑基荣

学习金句

2015 年尼泊尔大地震发生后，中国政府和人民迅速伸出援手，实施大规模救援行动，并支持尼泊尔灾后重建。这生动展现了中尼守望相助的兄弟之情。

——2019 年 10 月 11 日，在对尼泊尔进行国事访问前夕，国家主席习近平在尼泊尔《廓尔喀日报》、《新兴尼泊尔报》和《坎蒂普尔日报》发表题为《将跨越喜马拉雅的友谊推向新高度》的署名文章

尼泊尔加德满都的九层神庙保护修复，是中国政府援尼震后重建的重点项目。中国文物保护工作者对文物进行"最小干预"，保障九层神庙的完整性，复原这处世界文化遗产的"魂"，让它重新焕发青春。

尼泊尔首都加德满都杜巴广场入口，脚手架和防护网遮住大部分古建筑，来自各国的游客们小心翼翼地穿行在防护通道中。

2015 年 4 月 25 日的大地震，让杜巴广场的九层神庙严重受损，其修复工程是中国在尼泊尔开展的首个大规模文物援外项目。

2015 年发生的大地震让尼泊尔九层神庙建筑群遭到严重损坏

杜巴广场是一处古老的皇家广场，现存 10 多座宫殿庭院，包括高 30 米的

九层神庙。九层神庙是尼泊尔地标性建筑之一，是联合国教科文组织 1979 年公布的加德满都谷地世界文化遗产的重要组成部分。

神庙及附属建筑是马拉王朝和沙阿王朝王宫的一部分。王宫底部五层围成四合院状，四角各有高矮不一的一座角塔，塔里的木制楼梯狭小，门大多低矮，通过的时候必须低头弯腰。九层神庙正是西南角的这座。

这是一座砖木结构回字形建筑，砖墙承重，木构披檐，木雕门窗非常精致，尤其是用于支撑披檐或屋顶的斜撑，具有极高艺术价值和历史价值。

2015 年发生的大地震让九层神庙建筑群遭到严重损坏，约 80% 的墙体变形开裂，并伴随出现墙体渗水、基础沉降、排水不畅等问题。中国文化遗产研究院现场技术人员对本报记者说，应尼泊尔政府的请求，中国政府援助九层神庙震后修复工程于 2017 年 8 月正式启动，预计工期 5 年。

九层神庙修复项目现场中方文物保护工作者还清晰地记得，接手这项工程时，虽然大地震已过去两年，总面积 5600 多平方米的九层神庙得到的所有保护，还只是蒙在顶上的塑料布。当时正值雨季，神庙仅剩断壁残垣，游客无法靠近。为了完成修复工作，中方工作人员一次次冒着危险入内排查。每当下雨大家就捏一把汗，生怕在抢救性排险支护完成前出现新的损坏。

为了避免更多二次伤害，先要对建筑体进行加固和防漏水处理：无论是底基还是塔楼，全部是里二三层防护架、外二三层支撑架，封得严严实实。

令人欣慰的是，与本报记者两年前来采访时看到的情况相比，仍被多层脚手架遮挡着的九层神庙已经大变样。

全力保障神庙的完整性，复原这处世界文化遗产的"魂"

作为援外项目，中方团队的十来个人都是技术指导师和协调员。2017 年开工后的抢险阶段聘了大约 200 人，目前仍有约 100 名工人和工匠在项目工地。除了克服语言障碍，沟通修复理念也是一桩要紧事。

中国建筑学大师梁思成认为，对文物"要修旧如旧，带病延年"。中方修复团队遵循这一业内广为接受的理念，对文物进行"最小干预"，全力保障神庙的完整性，复原这处世界文化遗产的"魂"。抢险阶段结束后，中方团队尽

> 在中国文物修复人员努力下，尼泊尔加德满都九层神庙得到了有效抢救性保护。图为受到多重防护的九层神庙修复现场。苑基荣　摄

最大可能搜集、甄别、整理神庙的旧构件，分门别类做好标记，能保留的尽量保留，能利用的尽量利用。

然而，这一理念最初并不为尼方所接受，他们坚持所有受损部分的修复要达到"焕然一新""返老还童"的效果。

中方团队发现，尽管神庙外墙坑坑洼洼，近40年没有进行过修缮，看似

破败不堪，其实墙体依然结实，强行拆掉重砌，不仅会使文物价值大打折扣，也会影响到整个建筑的结构安全。为了说服尼方，中方团队赶制了一面实验墙，结果显示，根据最小干预原则修复的墙面美观且不失历史感。见到这样的效果，尼方欣然同意了中方方案。

由于地震中摔坏、后期遭到损坏的构件特别多，需要根据原图纸和图片重新装配或补配构件。尼泊尔国家博物馆为中方团队辟出一块 1000 余平方米的场地作为木工棚，将所有散落构件运至这里初选，然后"拼图""搭积木"，之后编号拆解，送到工地现场安装。

在"碰撞"中融合。时间长了，中尼双方在合作中越来越默契，彼此间"互相欣赏"之处也越来越多。中方文物保护技术人员发现，尼泊尔工匠拥有过硬的传统技术，经验丰富；尼泊尔工匠渐渐觉得修复文物保留其"原汁原味"也很好，甚至特意在别的地方找来不少同规格的旧瓦用于修复工作。

尼泊尔总理冒雨视察修复现场，高度肯定整体修复工程

38 岁的木工班长沙卡亚从小就跟着父亲做木工雕刻，参与了尼泊尔很多寺庙的修建。他告诉记者，斜撑是尼泊尔古建筑的一大特色，有结构和装饰作用。斜撑上雕刻着的女神、怪兽、动物等，其尺寸、大小、位置都不相同，很有讲究。

一些工匠正在另一个房间雕刻，每人面前摆放了几十把大小、粗细不一的刻刀。一个巴掌大小的龙木雕，需要一位工匠雕至少七八天。

此次修复工作中，中方团队还采用了一些先进的技术手段。如邀请浙江大学文物数字化团队利用数字化技术，全面记录神庙的现状和文物历史信息，这样，这一修复工程的成果将得到可视化的阐释和共享。

中方修复工作人员在项目实施过程中不仅创新业务技术、加强质量管理，而且注重对尼方技术人员培训，总结并形成木作工艺操作规程等一系列技术文件。他们严格现场管理，建立交接制度，所有构件的进场、离场均按照规定的管理流程操作。

中方团队工作受到尼方赞扬。尼泊尔总理奥利近期冒雨视察修复现场，高

度肯定整体修复工程，感谢中国政府和人民为尼泊尔震后文化遗产保护和修复作出的贡献。尼泊尔文化、旅游和民航部九层神庙博物馆馆长阿茹娜告诉本报记者："中方团队技术精湛，进度也快，我们非常满意。中国工匠的高超技艺让我们重获希望。"尼泊尔文化、旅游和民航部考古局执行局长高塔姆非常满意工程的进度和效果，他强调："尼中这一项目合作是值得向全世界宣介的典范。"据了解，为共享信息、交流经验，有关各方计划在加德满都召开一次研讨会，邀请联合国教科文组织代表、在尼进行文物修复的其他国家同行等，一起探讨对世界文化瑰宝的更好保护。

九层神庙又称巴桑塔布尔塔，尼泊尔语中，巴桑塔布尔意为"春天之地"。中尼文物保护工作者正在让尼泊尔九层神庙重新焕发青春。

《 人民日报 》（ 2019 年 07 月 08 日 03 版）

国际回声

感谢中国政府和人民为尼泊尔震后文化遗产保护和修复作出的贡献。
——尼泊尔前总理奥利

尼中这一项目合作是值得向全世界宣介的典范
——尼泊尔文化、旅游和民航部考古局执行局长高塔姆

中方团队技术精湛，进度也快，我们非常满意。中国工匠的高超技艺让我们重获希望。
——尼泊尔文化、旅游和民航部九层神庙博物馆馆长阿茹娜

学习视频

携手打造缅中互利共赢示范项目

孙广勇

学习金句

双方要深化共建"一带一路"框架内务实合作，推动中缅经济走廊框架从概念转入实质规划建设阶段，着力推进皎漂经济特区、中缅边境经济合作区、仰光新城三端支撑，深化互联互通、电力能源、交通运输、农业、金融、民生等领域务实合作，让中缅互利合作释放更多惠民红利。

——2020年1月16日，在对缅甸联邦共和国进行国事访问前夕，国家主席习近平在缅甸《缅甸之光》《镜报》《缅甸环球新光报》同时发表题为《续写千年胞波情谊的崭新篇章》的署名文章

在5艘牵引船的牵引下，中远"远富湖号"油轮缓缓停泊在位于缅甸若开邦皎漂市的马德岛港。3条输油管分别降下，与油轮输油管口对接，向港口卸油，将其储存到单座储量为10万吨的储油罐内。这些原油经过检测、加压后，将经由771公里的中缅原油管道，从中缅边境的南坎计量站进入中国。在并行的天然气管道内，从缅甸西南海域开采的天然气同样从该计量站进入中国。

"感谢中缅天然气管道，发电厂有了充足的天然气作燃料"

站在皎漂镇最高的酒店阳台向远处望去，几座高层建筑灯火通明，镇里道

路也被一排排路灯照亮。与几年前记者看到的漆黑一片的夜晚相比，这里完全变了样。

酒店经理钦茂伦告诉记者："以前哪有人来皎漂啊，晚上漆黑一片，当地人都不愿出门。政府供电一天只有两三个小时，私人发的电价格又很高，哪用得起？现在皎漂经济实现快速发展，感谢中缅天然气管道，发电厂有了充足的天然气作燃料。"

据悉，中缅天然气管道全线设置站场6座，年设计输量120亿立方米，缅甸下载量不超过管输量的20%。"截至今年2月，中缅天然气管道为缅甸下载天然气31亿立方米，主要向皎漂、当达和曼德勒3个发电厂供气。"中缅油气管道项目生产运行部经理袁运栋告诉记者。在位于皎漂的中缅天然气管道首站，黄色和灰白色管道在湛蓝的天空下十分亮丽，计量表指针飞速转动，每天约60.27万立方米的天然气从这里下载，输往皎漂发电厂。

缅甸的电力开发十分落后，全国超过60%的城镇和地区无法得到正常的电力供应。2013年9月，中缅天然气管道投产40天后，皎漂首站即实现临时分输，向当地天然气发电厂供气。居民用电从过去每天的三四个小时增加到全天供电，电费也大幅降低。皎漂县县长吴登梭说："有了中缅天然气管道提供的天然气，皎漂成为若开邦第一个使用天然气发电机发电并实现24小时通电的城镇，若开邦其他地区的供电情况也得到很大改善。"

此外，位于缅甸北部曼德勒以及中部仁安羌、当达的天然气分输站，高峰期每天可为当地下载天然气270万立方米，直供发电厂与沿线工业用户，有效缓解缅甸电力紧张局面。记者了解到，有了充足的天然气供应后，曼德勒和当达工业园区的企业得以全力投入生产，在创造巨大经济效益的同时，也显著提高了当地民众的生活水平。

"看着油气管道在自己的守护下平稳顺利运行，我们非常自豪"

傍晚时分，记者抵达中缅油气管道新康丹泵站。站在高处望向层峦叠嶂的若开山，弯弯曲曲的盘山公路上只能看到忽左忽右的汽车灯光。

新康丹泵站位于若开山脉西侧半山腰，是中缅原油管道第二座输油站，距离最近城市需要 4 小时以上车程。该泵站是中缅原油翻越若开山奔向中国大西南最主要的动力源。原油从马德岛首站输出后，必须在这里加压，才能继续输送。"必须确保万无一失，绝不能停机。"新康丹泵站副站长刘英吉告诉记者，除了为原油加压，该站还负责若开山区 194 公里油气管道线路及阀室的安全运行。"尽管条件艰苦，大家相互鼓励、相互支撑，确保了泵站的正常运营。"

在海拔 1200 多米的若开山上，两米多宽的柏油路旁有不少竹棚——这里是道路养护工的居所。"6 月至 10 月是雨季，一下大雨就有滑坡。我们抢在雨季前养护道路，还要随时准备应对可能出现的紧急情况。"道路养护工丹昂告诉记者，"在中国同事的帮助下，我们齐心协力克服了种种难题，非常有成就感。"

新康丹泵站管辖山区段地质灾害极易发生，坚守在这里的员工及时完成各项维护工作，确保管道和光缆的安全，将油气输送到中国国内。"这是一项十分重要而有意义的工作，大家干劲十足，看着油气管道在自己的守护下平稳顺利运行，我们非常自豪。"马德岛管理处副处长张继成对记者说。

> 中缅工作人员在中缅油气管道新康丹泵站工作。孙广勇 摄

221

"希望学习中方技术和管理经验，为未来缅甸油气行业发展储备人才"

近年来，缅甸实行经济开放政策，记者在缅甸各地都能感受到经济发展的巨大活力，工厂全力运转、公路港口运输繁忙，而油气工业为此提供了重要支撑。时任缅甸副总统吴年吞在中缅天然气管道投产时曾表示："中缅油气管道项目将有力提升缅甸工业化和电气化水平，对缅甸经济持续稳定发展具有重要意义。我们要携手打造缅中互利共赢示范项目。"

中缅油气管道项目的建成，解决了缅甸天然气下游市场难题，实现了出口创汇，同时为缅甸带来可观经济收益，并有力带动了就业，促进了缅甸经济社会发展。截至今年1月底，中缅油气管道项目累计为缅甸贡献直接经济收益约2.1亿美元。项目用工累计超过290万人次，施工高峰期当地用工达6000多人。

项目为缅籍员工量身制订岗位培训计划，现有当地雇员800余人，占员工总数的80%。项目培训不仅为管道运营服务，还为缅甸未来能源工业培养了人才。纳温毕业于仰光大学机械系，是被公司录取并送到中国西南石油大学学习的首批缅甸大学生之一，现任中缅油气管道曼德勒分输站技术员。他说："从培训中我们学到了先进的技术，相信这一定能服务于缅甸未来发展。"

中缅油气管道项目是"一带一路"建设的先导项目。在马德岛，记者看到几名缅甸年轻人在巨型储油罐前拍照，原来是缅甸国家油气公司派驻马德岛的工程师貌呵呵昂带同事来参观。"马德岛港是缅甸第一座现代化大型国际原油港口，中缅油气管道是缅甸最现代化的油气工程，公司派我们在这里工作，就是希望学习中方技术和管理经验，为未来缅甸油气行业发展储备人才。"

缅甸政府高度重视并积极参与"一带一路"和中缅经济走廊建设，缅甸国务资政昂山素季表示："'一带一路'不仅涵盖基础设施建设，其领域非常广泛。缅甸地处'一带一路'沿线，对缅甸和整个地区发展来说，参与'一带一路'都是有益机遇。"

《人民日报》（2019年04月05日03版）

国际回声

中国为缅甸的农业技术发展、基础设施建设、自然资源开发等提供了先进技术与资金支持，改善了缅甸人民生活，促进了缅甸经济社会发展。缅甸积极响应和参与共建"一带一路"，推动缅中经济走廊建设，带动了缅甸沿线地区就业和经济发展，提升了当地人民生活水平。

——时任缅中友好协会主席盛温昂

学习视频

223

中国医疗队，真实亲诚的践行者

张朋辉　李志伟　吕　强

*学习*金句

　　在过去 70 年中，中国派往非洲的医疗队为两亿多人次非洲人民提供了医疗服务。

　　——2020 年 5 月 18 日，国家主席习近平在第 73 届世界卫生大会视频会议开幕式上发表题为《团结合作战胜疫情 共同构建人类卫生健康共同体》的致辞

　　数十年来，"中国医疗队"在非洲几代民众心中都是一个温暖的词汇。本报记者日前在坦桑尼亚采访，深深体会到中国援非卫生合作的全面拓展，正在为真实亲诚理念不断添加新的现实注脚。

"感谢中国医生带来健康福音"

　　"不要紧张，马上就好。"秦勤一边在显微镜下熟练地给拉马丹进行白内障手术，一边用斯瓦希里语轻声安慰病人。来自南京鼓楼医院的秦勤是中国第二十七期援坦桑尼亚桑给巴尔医疗队的眼科医生，自去年 6 月在纳兹莫加医院开展为期 1 年的医疗援助工作。

　　表面麻醉、白内障超声乳化、安装人工晶体，秦勤同护士莫娜吉配合默契。显微镜下操作对医生的精度要求高，半个多钟头下来，秦勤额头上已经渗

出汗珠。

手术完成，秦勤和护士搀扶拉马丹走下手术台。拉马丹得知第二天就能重见光明，喜不自禁，连声道谢："谢谢！谢谢！感谢中国医生带来健康福音！"

坦桑尼亚地处热带，紫外线强，白内障发病率高，病人年龄低，症

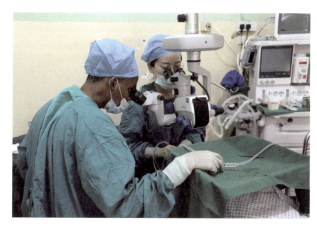

> 中国眼科医生和当地助手正在给病人做白内障手术。吕强　摄

状严重，手术难度较大。在国内平均 10 分钟就能完成的手术，在坦桑尼亚一般都需要半小时以上。1 年下来，秦勤累计做了 1000 多例手术，但她并不觉得辛苦，因为她觉得"没有什么比看到当地患者重见光明更开心的了"。

记者到口腔科时，李浩医生正指导助手阿里给哈密注射曲安奈德。哈密口腔颌面长了一个巨大的疤痕疙瘩，这类增生一般由蚊虫叮咬或创伤引起，十分疼痛又影响美观。哈密才 14 岁，经过几个月治疗，疤痕已经基本消除。谈起中国医生，他竖起大拇指，兴奋地说："疤痕困扰我很久了，以前一碰就痛，多亏了李医生，疤痕没有了！"

坦桑尼亚实行全民医保制度，不过医生、药品都十分匮乏。中国医生带来了新医疗理念，每年中国还会援助当地急需的药品和器械。秦勤手术使用的显微镜、超声乳化仪等整套器材都是中国援助的。

除了缺医少药，在坦桑尼亚行医还要面临不少风险。当地艾滋病感染率高，医生几乎每周都要接触艾滋病感染者，手术时则需要戴两层手套，这对他们的心理是很大的挑战。

中国援桑给巴尔医疗队的医术精湛，是当地百姓心中的"守护神"，无论出租车司机、保安还是服务员，提起中国医疗队，人人都有故事要讲。

桑给巴尔前卫生部部长哈桑女士是中国医疗队的老朋友，40 多年前她的大儿子苏莱曼就由中国医疗队接生，现在她是中国医疗队驻地的常客，常常给医

疗队送来水果、食物。她常说："中国医生救了我和孩子的命，我怎么能忘了恩人呢？"

纳兹莫加医院妇产科只有 10 名医护人员，但每年要接生 1 万多名新生儿，还有很多手术只有中国医生才能主刀。有一次一名孕妇大出血，已经昏迷，家属都准备放弃了，在中国医疗队队员翁侨的坚持下，这名孕妇最终得以脱离危险。看到病人家属流下感激的泪水，翁侨觉得这些辛苦都非常值得。

中国医疗队凭借精湛的医术和大爱无疆的人道主义精神得到坦桑尼亚各界由衷称赞。在第二十七期援桑给巴尔医疗队即将完成任务之际，桑给巴尔卫生部向所有 12 名队员都颁发了荣誉证书，表达对中国医疗队的赞扬和感激之情。

"留下了一支带不走的医疗队"

"授人以鱼不如授人以渔"。培养本地化人才，提高坦桑尼亚医疗水平是医疗队员着力投入的一项工作。

李浩根据一年来在桑给巴尔援外积累的经验编写了一本常见病处置教材，这本书的所有案例均来自当地，图文并茂，再加上详细的治疗说明，可操作性强，深受同事们欢迎。

"这本教材内容翔实，案例包括常见病和疑难病例，可以随时查阅，是我非常好的老师。"阿里说，"中国医疗发展水平很高，中国医生医术高明，真希望有更多机会到中国交流，学习先进的医疗技术，为我们的人民服务。"

江苏省卫计委自 2016 年开始与纳兹莫加医院合作开展妇产科医生及手术室护士规范化培训项目，在中国国内短期培训与国外长期系统带教相结合，翁侨专门设立带教日，给学员全面教授理论知识，开展模拟训练，并进行临床实践，纳兹莫加医院妇产科现已有 4 名医生能够独立开展手术。

还有一些坦桑尼亚医生和护士在中国完成了医学学历教育，加上中国医疗队的悉心指点及临床实践，很快成为当地的业务骨干，莫娜吉就是其中的一位。她毕业于重庆医科大学，基础扎实，技术全面，操作规范，是中国医生的得力助手，也深受患者好评。

除了人才培养，中国的技术和器械援助也解决了当地医院的燃眉之急，每年中方都援助纳兹莫加医院数百个专利止血水囊。一位来自德国的无国界医生在看到这么多成功救助的案例后不禁感叹："中国实实在在把医疗技术带到了非洲！"

考虑到当地的医疗水平，培养本地化人才任重道远。纳兹莫加医院的医生非常珍惜难得的学习机会。消化科护士哈丽玛虽然有了身孕，还坚持每天随贺奇彬医生观摩学习。她说："跟着中国医生学习了很多知识，尤其是内镜检查帮助很多病人消除了痛苦。不过这个技术实践性很强，短时间内难以熟练掌握，真希望能有更多中国老师，有更多实习的机会。"

中国医生所在的科室都开展了医疗培训，显著提升了本地医生的医疗水平。医疗队队长汪灏说："'医、教、研'三位一体的全方位医疗援助是长远之道，在这三方面我们尽到了责任，收获了成长和友谊，留下了一支带不走的医疗队。"

"我们需要中国这样真正帮助我们的朋友"

非洲依旧是传染性疾病的高发区，黄热病、血吸虫病、疟疾等疾病严重危害非洲人民的健康，成为阻碍经济社会发展的一块"绊脚石"。中国在血吸虫病、疟疾等领域进行卫生合作试点和综合防治，这是近年来中非卫生合作的新亮点，在坦桑尼亚的两个项目就是其中的代表。

在桑给巴尔，血吸虫病是当地人谈之色变的疾病，许多在田间劳动的村民因此丧失了劳动力，在水塘里玩耍的青少年更是血吸虫病的攻击目标。为此，中坦从 2017 年 1 月开始实施血吸虫病防治项目，为期 3 年，由中国和世界卫生组织合作展开。

江苏省血吸虫病防治研究所第三批专家组组长李伟告诉记者，血吸虫病等在南部非洲大范围流行，极易造成患者丧失劳动力，甚至死亡，这是非洲致贫的一大因素。流行病防治必须出台综合措施，在这些方面中国有经验，也有技术，可以为非洲人民提供有效帮助。

项目组在国内接受集中强化培训，分组奔赴坦桑尼亚桑给巴尔，他们同当地政府和社区密切合作，建立水体环境数据库，对血吸虫宿主水泡螺状况进行调查，并培训本地员工，制定防治措施和操作规范，构建血吸虫病综合防控体系。桑给巴尔卫生部官员感慨地说："我们需要中国这样真正帮助我们的朋友，而不是那些单纯开展科研项目的人士。"

疟疾是威胁非洲人民健康的一大杀手，由中国首位诺贝尔生理学或医学奖获得者屠呦呦的团队提取的青蒿素是最有效的抗疟药物，是对世界尤其是非洲的重大贡献。

中国还在非洲开展抗疟国际合作。刚刚完成的"中英坦疟疾防控试点项目"就是中国首次在非洲大陆地区建立疟疾防控试点，开启了中国援助非洲防控疟疾历史的新篇章。

中国援桑医疗队就是真实亲诚理念的践行者。每次外出义诊，总有当地群众热情围拢过来，亲吻队员的脸颊，争相同队员们合影。非洲人民对中国医疗队竖起大拇指，正是中非深厚友谊温馨的缩影。

《人民日报》（2018 年 07 月 03 日 03 版）

国际回声

中国医疗队不仅带来了先进的技术和设备，也为普通民众提出了很多生活保健建议。他们和坦桑尼亚医务工作者一起攻坚克难，为坦桑尼亚民众的健康生活作出贡献。

——坦桑尼亚达累斯萨拉姆大学孔子学院外方院长阿尔丹·穆坦贝

学习视频

2022 年，是习近平总书记提出"一带一路"重大倡议的第十个年头。从泼墨挥毫的"大写意"到精谨细腻的"工笔画"，从夯基垒台、立柱架梁到落地生根、开花结果，共建"一带一路"走出一条高质量建设的光明大道，成为造福沿线国家和人民的"富裕路""幸福路"。

2022 年，也是人民日报国际报道讲好"一带一路"故事的第十个年头。人民日报驻外记者深入世界各地的合作项目，广泛采访普通民众、专家学者、政府官员，撰写出一篇篇清新自然、情真意切的稿件。书中收录的 38 个共建"一带一路"故事，正是从驻外记者的稿件和照片中"优中择优"的菁华。

本书的编撰过程，是编写团队不断学习和提高认识的过程。重读这些故事，我们更深刻地认识到，习近平总书记亲自谋划、亲自部署、亲自推动"一带一路"建设，充分体现了大国领袖卓越非凡的政治智慧、跨越时空的深邃眼光和胸怀天下的宏大格局。重读这些故事，我们更真切地感受到，共建"一带一路"源于中国，但机会和成果属于世界——在沿线各国的发展规划里，"一带一路"是共商共建共享的合作平台，带来的是互利共赢的宝贵机遇；在各国企业与民众眼中，"一带一路"是实实在在的好处，带来的是满满的获得感和幸福感。

讲好"一带一路"精彩故事，就是讲好中国和世界共同发展的故事。广大国际新闻工作者正满怀"奋进新征程、建功新时代"的激情，坚持不懈、久久为功，继续书写中国和世界合作共赢的崭新篇章。

国际部李满、于景浩、杨迅、庄雪雅、吴刚、李欣怡、任皓宇等同志参与了故事的筛选、摘编和核校工作。因水平有限加之时间仓促，疏漏和不妥之处，诚望各位同仁和读者批评指正。

最后，诚挚感谢人民日报出版社各位编辑的辛勤工作，正是他们的积极努力，使本书得以尽快出版。

2022 年 6 月